DER
MENSCHLICHE
KÖRPER

ISBN 3-8212-2686-2
© XENOS Verlagsgesellschaft mbH
Am Hehsel 40, 22339 Hamburg
Übersetzung: Wiebke Krabbe, Damlos
Satz und Redaktion der deutschen Ausgabe:
Lesezeichen Verlagsdienste, Köln
Fachliche Beratung: Dr. Britta Waldrich
Die Originalausgabe erschien 2002 bei
Miles Kelly Publishing Ltd,
Bardfield Centre, Great Bardfield, Essex, CM7 4SL
unter dem Titel
1000 Facts on Human Body
Copyright © 2002 Miles Kelly Publishing
Printed in Italy

DER
MENSCHLICHE
KÖRPER

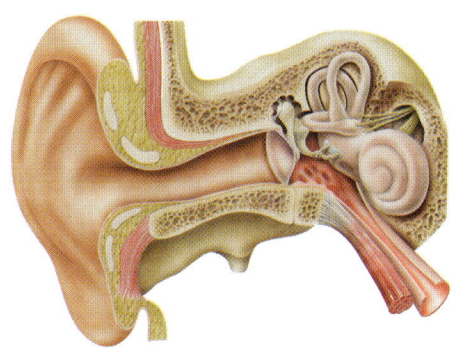

John Farndon

Berater: Steve Parker

Inhalt

Symbole

 Atmung und Blut

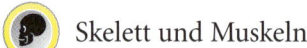 Skelett und Muskeln

Gehirn und Nerven

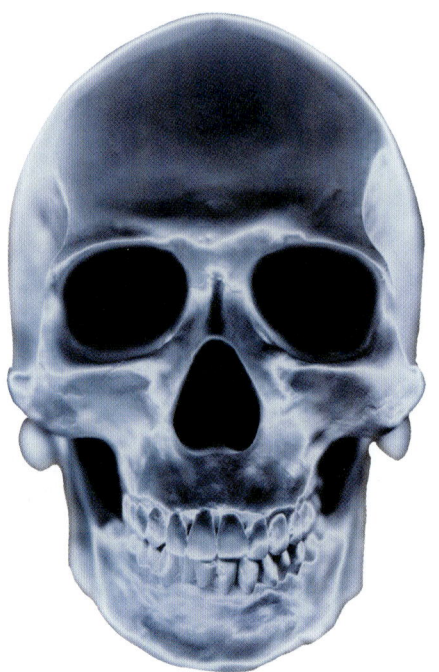

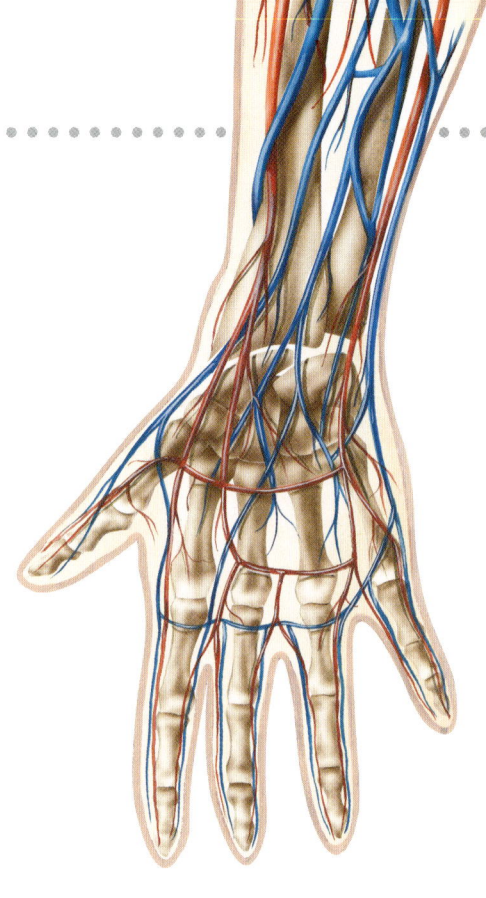

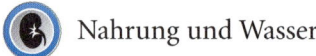 Nahrung und Wasser

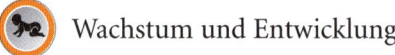 Wachstum und Entwicklung

Gesundheit und Krankheit

Inhalt

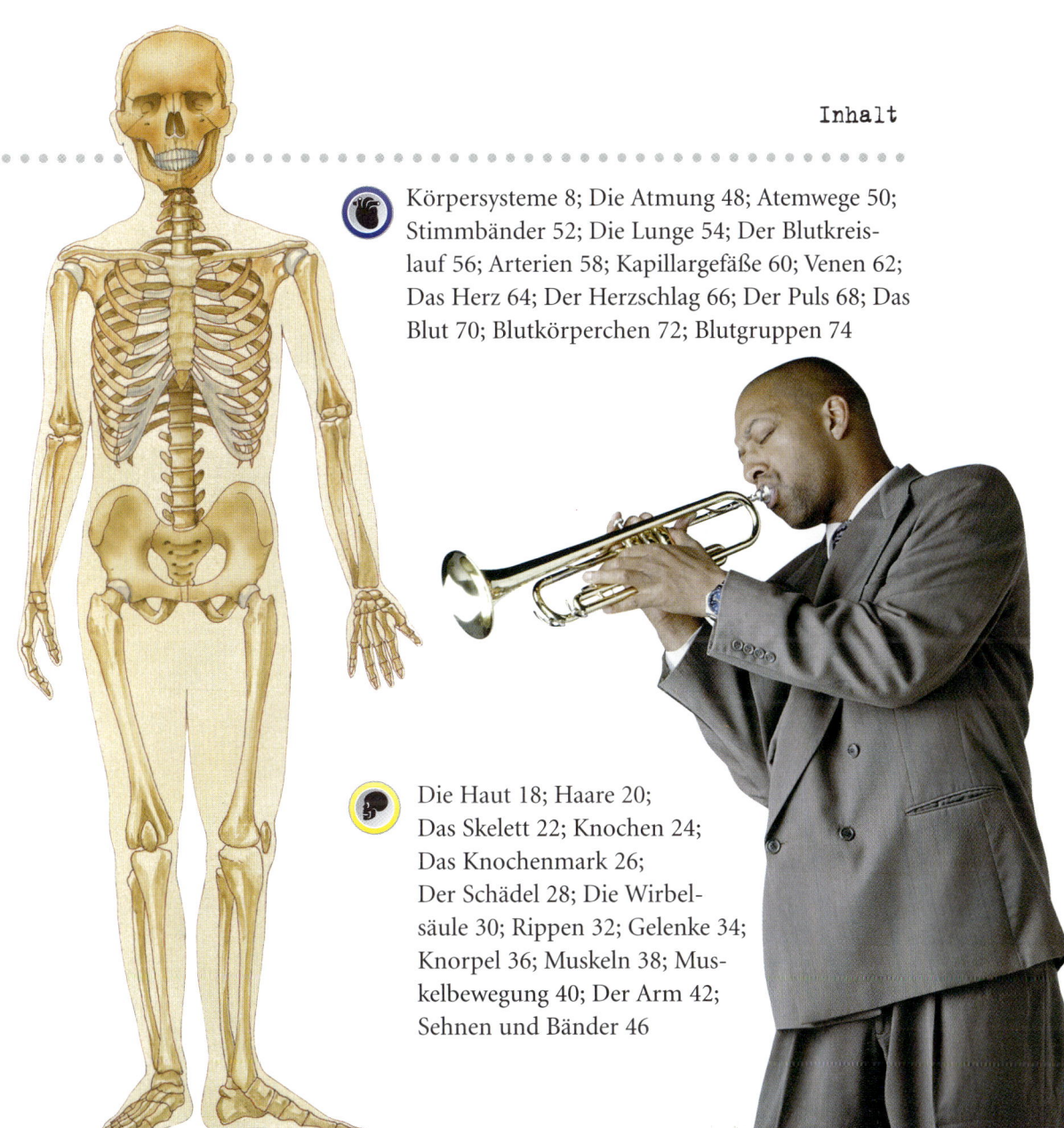

Inhalt

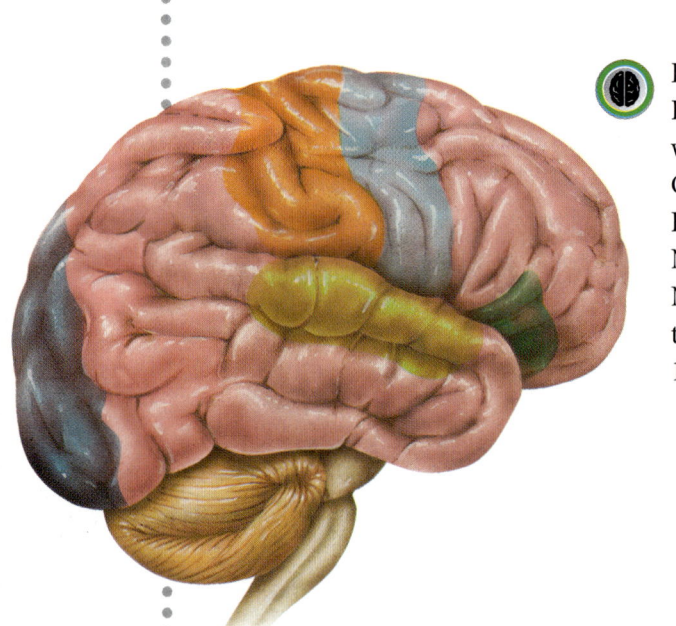

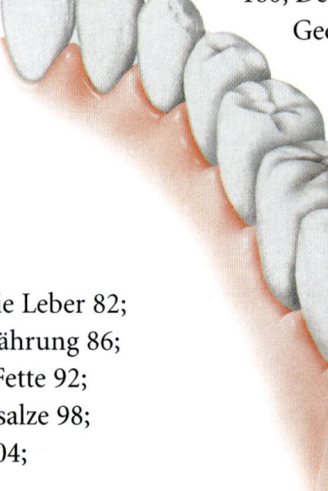

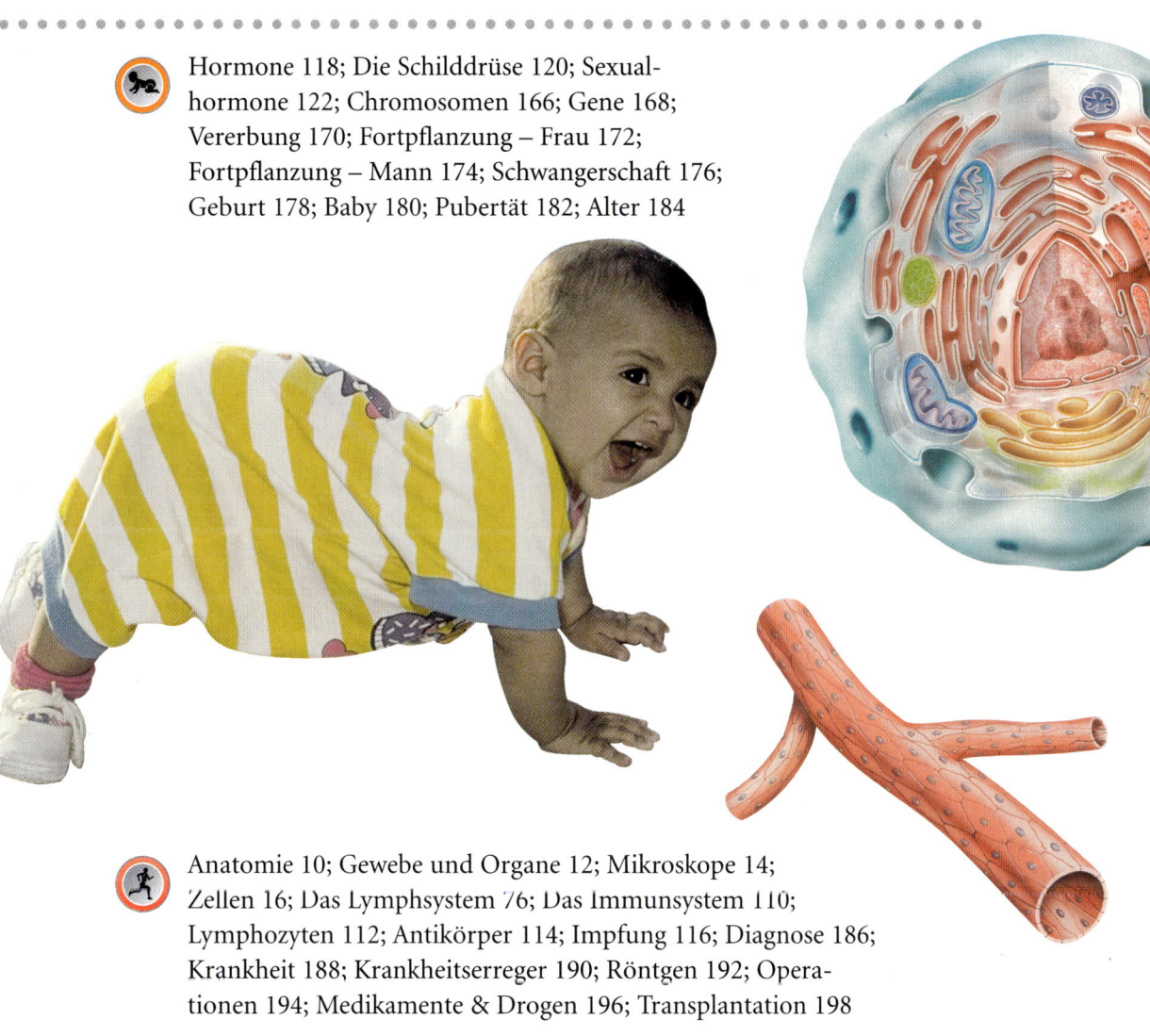

Körpersysteme

▲ *Frische Luft und viel Bewegung sind wichtig, damit unsere Körpersysteme gut funktionieren.*

- **Unsere Körpersysteme** sind eng miteinander verbunden. Jedes hat eine eigene Aufgabe, doch alle sind voneinander abhängig.

- **Das Skelett** stützt den Körper, schützt die inneren Organe und gibt den Muskeln Halt.

- **Das zentrale und periphere Nervensystem** aus bildet die Steuerzentrale und das Kommunikationsnetz des Körpers.

- **Das Verdauungssystem** löst die Nahrung in Chemikalien auf, die der Körper verwerten kann.

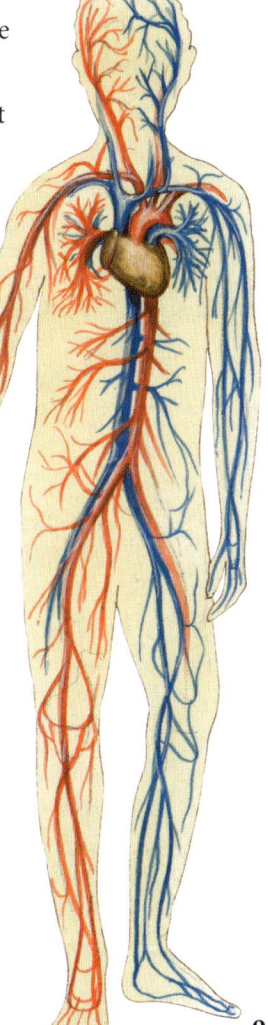

- **Das Immunsystem** ist die „Körperarmee" gegen Krankheitserreger. Dazu gehören die weißen Blutkörperchen, die Antikörper und das Lymphsystem.

- **Das Harn ableitende System** reguliert den Wasserhaushalt des Körpers. Überflüssiges Wasser und überflüssige Körpersalze werden aus dem Blut als Urin ausgeschieden.

- **Das Atmungssystem** befördert Luft in die Lungen, um den Körper mit Sauerstoff zu versorgen.

- **Das Fortpflanzungssystem** ist das kleinste Körpersystem. Es besteht hauptsächlich aus den Geschlechtsorganen. Es ist nötig, damit Menschen Kinder bekommen. Es bildet den einzigen Unterschied zwischen Männern und Frauen.

- **Weitere Körpersysteme** sind das Hormonsystem (steuert Wachstum und innere Körpervorgänge durch chemische Stoffe), das Integumentsystem (Haare, Haut, Nägel) und das System der Sinne (Augen, Ohren, Nase, Zunge, Haut, Gleichgewicht).

▶ *Das Herz-Kreislauf-System besteht aus dem Herzen und den Blutgefäßen. Es versorgt alle Körperzellen mit Sauerstoff und Nährstoffen und sorgt für die Abwehr von Krankheitserregern.*

```
...FASZINIEREND!...
Das Fortpflanzungssystem könnte theoretisch
als einziges Körpersystem entfernt werden.
```

9

Anatomie

- **Anatomie** ist die Lehre vom Aufbau des menschlichen Körpers.

- **Die vergleichende Anatomie** stellt den Aufbau des menschlichen Körpers dem der Tiere gegenüber.

- **Der erste große Anatom** war der römische Arzt Galen (lat: Claudius Galenius, 129-199 n. Chr.).

- **Das erste berühmte Buch** über Anatomie wurde 1543 von dem flämischen Forscher Andreas Vesalius geschrieben. Es hieß *De Humani Corporis Fabrica* (Von den Stoffen des menschlichen Körpers).

- **Um die Lage** von Körperteilen zu beschreiben, unterteilen Anatomen den Körper in Viertel (auch: Quadranten).

- **Die anatomische Position** nennt man die Haltung des Körpers zur Beschreibung seiner Teile. Die Arme hängen seitlich herab, Augen, Handflächen und Zehen zeigen nach vorn.

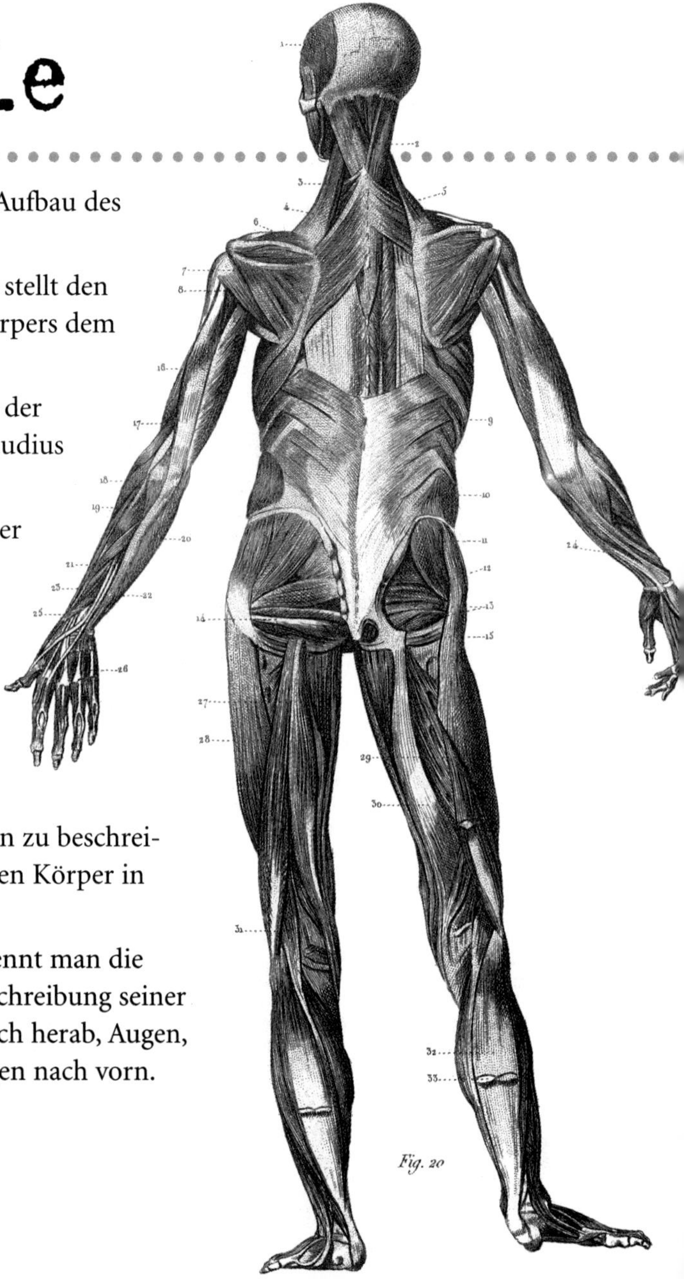

Fig. 20

- **Die zentrale Coronalebene** (auch: Frontalebene) unterteilt den Körper in eine vordere und eine hintere Hälfte. Weitere Coronalebenen sind senkrechte, quer zur zentralen Coronalebene verlaufende Schnitte quer durch den Körper.

- **Die Ventralseite** (lat.: *ventrale* = zum Bauch gehörend) ist die vordere Seite des Körpers.

- **Die Dorsalseite** (lat.: *dorsum* = Rücken) ist die hintere Seite des Körpers.

- **Jeder Körperteil** hat einen lateinischen Namen. Anatomen benutzen auch deutsche Namen für die Körperteile, wenn es sie gibt.

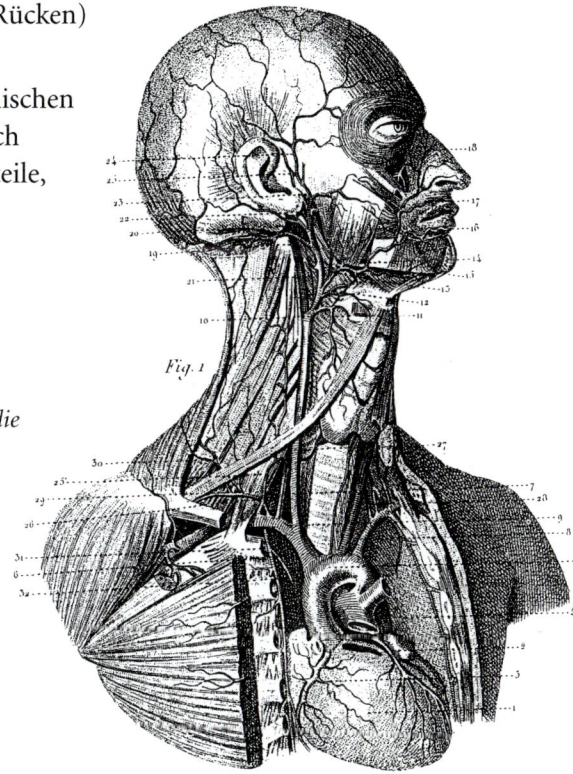

◀ ▶ Ein großer Teil unseres Wissens über die menschliche Anatomie stammt von den Anatomen des 16. und 17. Jahrhunderts, die viele Tote sezierten und sehr genau aufzeichneten, was sie sahen.

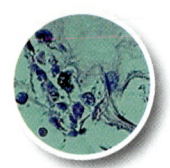

Gewebe und Organe

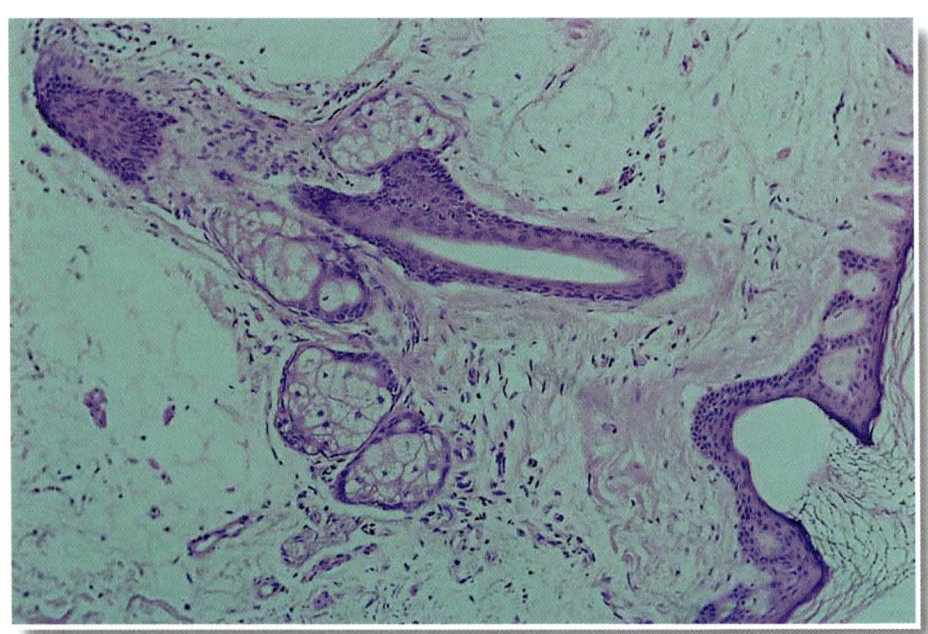

▲ *Haut ist eine komplexe Form von Epithel-Gewebe. Hier ein stark vergrößertes Foto.*

● **Ein Gewebe** ist eine Körpersubstanz, die aus vielen Zellen der gleichen Art besteht. Muskelzellen bilden das Muskelgewebe, Nervenzellen das Nervengewebe usw.

● **Außer Zellen** enthalten manche Gewebe auch noch andere Materialien.

● **Bindegewebe** besteht aus bestimmten Zellen (z. B. Fibroblasten) und zwei anderen Materialien: langen Proteinfasern (z. B. Kollagen) und einer Matrix. Eine Matrix ist ein Material, in dem die Zellen und Fasern wie Rosinen in einem Kuchen verteilt sind.

▶ *Die Lungenflügel bestehen hauptsächlich aus Lungengewebe (rechts), aber die Schleimhaut, mit der die Atemwege ausgekleidet sind, besteht aus Epithel-Gewebe.*

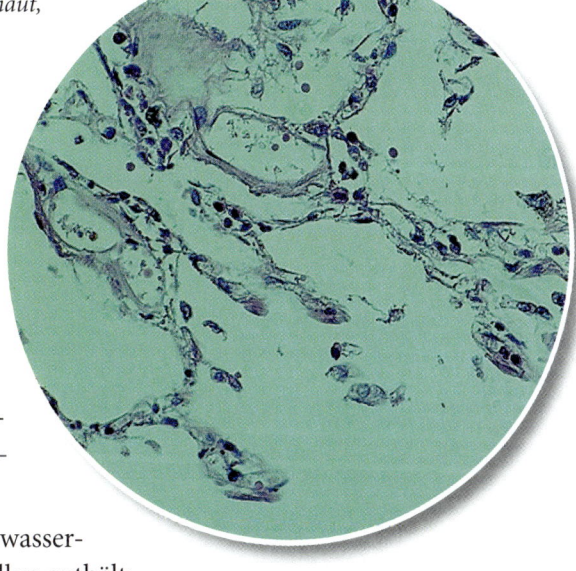

- **Bindegewebe** hält andere Körpergewebe auf verschiedene Weise zusammen. Fett, Sehnen und Knorpel bestehen aus Bindegewebe.

- **Knochen** und Blut sind ebenfalls Bindegewebe.

- **Epithel-Gewebe** ist ein Abdeckmaterial, aus dem Haut und andere Körperteile bestehen.

- **Das dünne Epithel-Gewebe** ist wasserdicht, weil es drei Arten von Zellen enthält: flache, kastenförmige und säulenförmige.

- **Nervengewebe** besteht hauptsächlich aus Neuronen (Nervenzellen) und den Schwann-Zellen, die sie umhüllen.

- **Organe** bestehen aus verschiedenen Geweben. Das Herz besteht hauptsächlich aus Muskelgewebe, es enthält aber auch Epithel- und Bindegewebe.

...FASZINIEREND!...
Unser gesamter Körper besteht nur aus Gewebe und Gewebeflüssigkeit.

13

Mikroskope

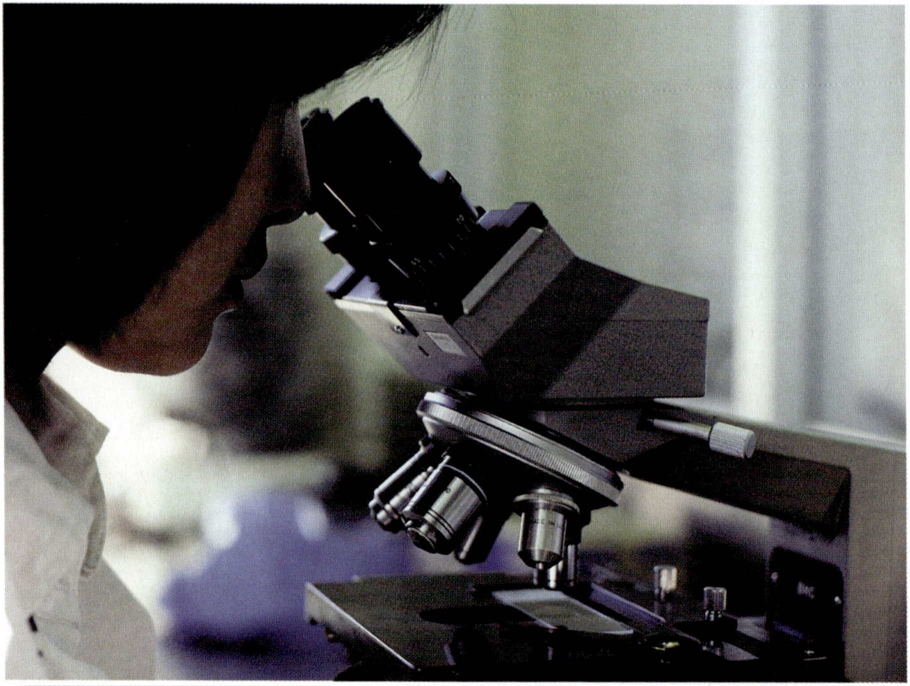

![Mikroskop]

▲ *Das optische Mikroskop hat mehrere Linsen für verschiedene Vergrößerungsstufen.*
Das Licht, das unter dem Objekt leuchtet, wird mehrmals gebrochen, ehe es das Auge erreicht.

● Optische Mikroskope vergrößern Gegenstände mit Licht und Linsen. Kombiniert man zwei oder mehr Linsen, ist eine 2000-fache Vergrößerung möglich. So kann man sogar einzelne Blutkörperchen erkennen.

● Für eine noch stärkere Vergrößerung gibt es Elektronenmikroskope. Sie arbeiten mit Strahlen aus winzigen, elektrisch geladenen Teilchen (Elektronen).

▶ *Das Bild zeigt einen Tropfen Blut zwischen zwei Glasscheiben. Die Scheiben (Objektträger und Objektplättchen) legt man unter ein optisches Mikroskop, um den Tropfen vergrößert zu sehen.*

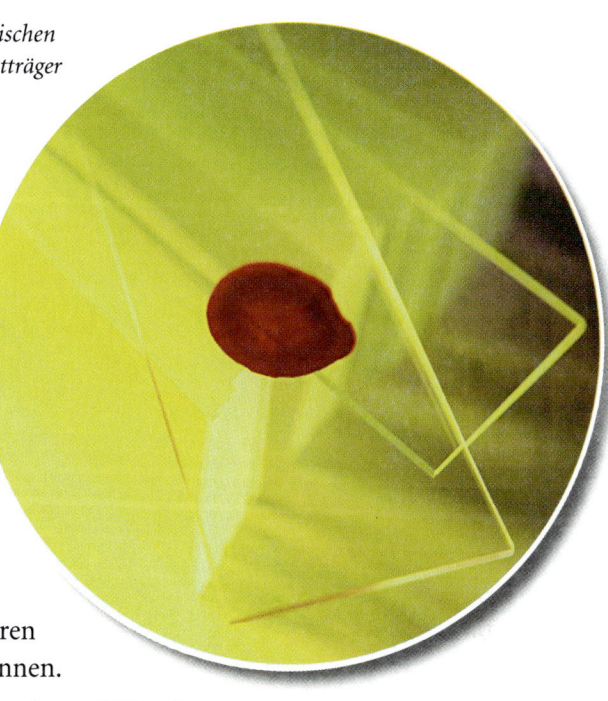

● Elektronen haben eine 100 000-mal kürzere Wellenlänge als Licht. Dadurch wird die enorme Vergrößerung möglich.

● Scanner-Elektronen-mikroskope (SEMs) können Gegenstände bis zu 100 000-fach vergrößern.

● Mit SEMs kann man den inneren Aufbau von Körperzellen erkennen.

● Transmissions-Elektronenmikroskope (TEMs) ermöglichen eine noch stärkere, bis zu 5-millionenfache Vergrößerung.

● TEMs können die einzelnen Moleküle im Inneren einer Zelle zeigen.

● Elektronenmikroskope zeigen dreidimensionale Bilder. Die Objekte müssen aber dafür mit einem speziellen Material, z. B. Gold, beschichtet sein.

● Die Objekte für optische Mikroskope werden in dünne Scheiben geschnitten und zwischen zwei Glasscheiben gelegt. So sieht man einen Querschnitt.

● Mit Mikroskopen kann man auch Krankheitserreger erkennen.

Zellen

- **Zellen** sind die Grundbausteine des Körpers. Die meisten sind so klein, dass 10 000 von ihnen auf einem Stecknadelkopf Platz hätten.

- **Es gibt mehr als 200** verschiedene Arten von Zellen im menschlichen Körper, darunter Nervenzellen, Hautzellen, Blutzellen, Knochenzellen, Fettzellen, Muskelzellen und viele andere.

- **Eine Zelle** ist ein kleines Päckchen lebender Chemikalien mit einer dünnen Membran (Hülle) aus Proteinen und Fett. Die Membran hält die Zelle zusammen, lässt aber Nährstoffe hinein und Abfallstoffe hinaus.

- **Im Inneren der Zelle** befindet sich eine Flüssigkeit, die man Zytoplasma nennt. Darin schwimmen winzige Teilchen, die Organellen.

- **In der Mitte** der Zelle liegt der Zellkern. Er ist die Steuerzentrale, die auch das faszinierende DNS-Molekül enthält (siehe Gene). Die DNS enthält alle Informationen für die Zellfunktion und das Muster für neues Leben.

- **Jede Zelle** ist eine aktive Chemiefabrik. Die Organellen arbeiten ständig. Sie befördern Chemikalien hin und her, bauen unerwünschte Stoffe ab und setzen andere zusammen.

- **Zu den größten Zellen** im Körper gehören die Nervenzellen. Der Kern einer Nervenzelle ist winzig, aber manche haben einen „Ast", der sich bis zu einem Meter durch den Körper erstreckt und sogar ohne Mikroskop zu erkennen ist.

- **Zu den kleinsten Zellen** im Körper gehören die roten Blutzellen. Sie haben nur 0,0075 mm Durchmesser und keinen Kern. Ihre Aufgabe besteht fast nur darin, Sauerstoff zu transportieren.

- **Die meisten Zellen** leben nicht lange. Sie werden ständig durch neue ersetzt. Nur die Nervenzellen sind langlebig. Sie werden nur selten ersetzt.

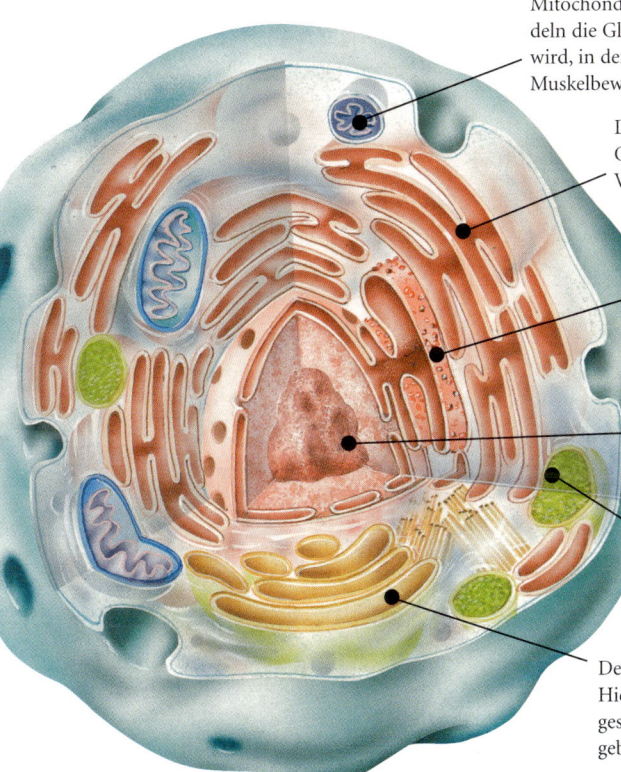

Mitochondrien sind die Kraftwerke der Zelle. Sie verwandeln die Glukose, die durch das Blut herantransportiert wird, in den chemischen Energielieferanten ATP (siehe Muskelbewegung).

Das endoplasmatische Retikulum ist die Chemiefabrik der Zelle. Hier werden nach den Vorgaben des Zellkerns Proteine hergestellt.

Die Ribosomen sind die Fließbänder der Chemiefabrik. Sie stellen Proteine aus einfachen Chemikalien, den Aminosäuren, her (siehe Ernährung).

Der Zellkern ist die Steuerzentrale. Er sendet über einen Botenstoff namens RNA Anweisungen aus, sobald neue Chemikalien benötigt werden.

Die Lysosomen sind die Entsorger der Zelle. Sie bauen alle unerwünschten Stoffe ab.

Der Golgi-Apparat ist die Versandzentrale. Hier werden die verschiedenen Chemikalien gesammelt und dann dahin geschickt, wo sie gebraucht werden.

▲ *Die Grafik zeigt eine typische Zelle und einige der Organellen (Bestandteile im Inneren), die für den geregelten Ablauf der Zellfunktionen sorgen. Der Zellkern gibt die Anweisungen, und jede Organelle hat eine bestimmte Funktion.*

...FASZINIEREND!...
Im Körper gibt es 75 Trillionen Zellen.

Die Haut

▲ *Dass wir verschiedene Hautfarben haben, liegt am Melanin: einem Pigment, das die Haut vor schädlichen Sonnenstrahlen schützt. Je mehr Melanin die Haut enthält, desto dunkler ist sie.*

● **Die Haut** ist eine Schutzhülle, die den Körper vor Wind und Wetter sowie vor Infektionen schützt und ihm hilft, die richtige Temperatur zu halten.

● **Die Haut ist** auch unser größtes Sinnesorgan. Sie reagiert auf Berührung, Druck, Hitze und Kälte (siehe Tastsinn).

● **Aus dem Sonnenlicht** kann die Haut Vitamin D für den Körper herstellen.

● **Die Epidermis** (die dünne, äußere Schicht) besteht nur aus toten Zellen.

> · · · **FASZINIEREND!** · · ·
> Obwohl sie meist nur 2 mm dick
> ist, erhält die Haut ein Achtel der
> gesamten Blutversorgung.

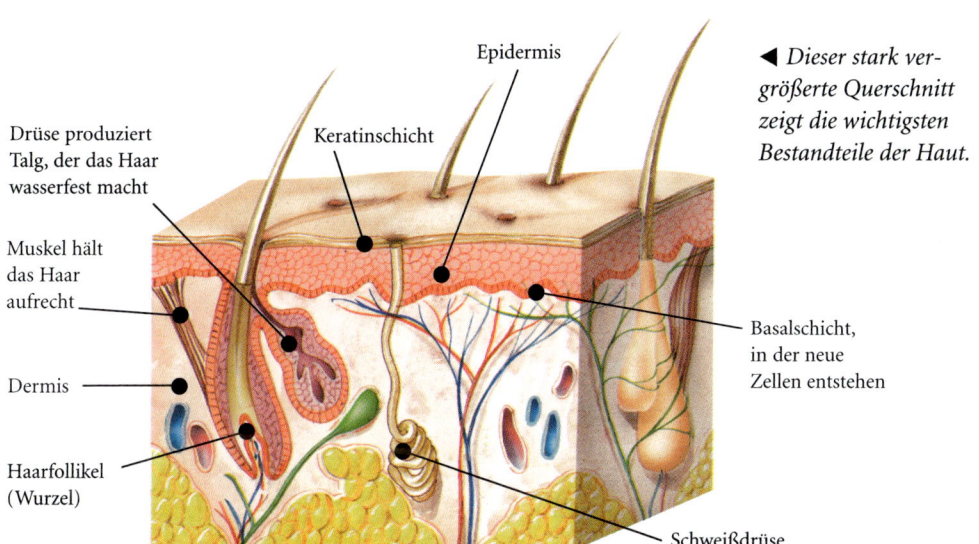

Epidermis

Keratinschicht

Drüse produziert
Talg, der das Haar
wasserfest macht

Muskel hält
das Haar
aufrecht

Dermis

Haarfollikel
(Wurzel)

Basalschicht,
in der neue
Zellen entstehen

Schweißdrüse

◀ *Dieser stark ver-
größerte Querschnitt
zeigt die wichtigsten
Bestandteile der Haut.*

- **Die Epidermis** besteht hauptsächlich aus einem harten Protein namens
  Keratin. Es bleibt zurück, wenn Hautzellen absterben.

- **Unter der Epidermis** liegt eine dicke Schicht lebender Zellen, die Dermis.
  Sie enthält die Schweißdrüsen.

- **Haarwurzeln** haben winzige Muskeln, die die Haare aufrichten, wenn man
  friert; dann entsteht eine „Gänsehaut".

- **An den Fußsohlen** ist die Haut 6 mm dick, an den Augenlidern nur 0,5 mm.

- **Die Epidermis** enthält Zellen, die das dunkle Pigment Melanin erzeugen.
  Es gibt dunkelhäutigen Menschen ihre Hautfarbe und lässt Hellhäutige im
  Sommer braun werden.

Haare

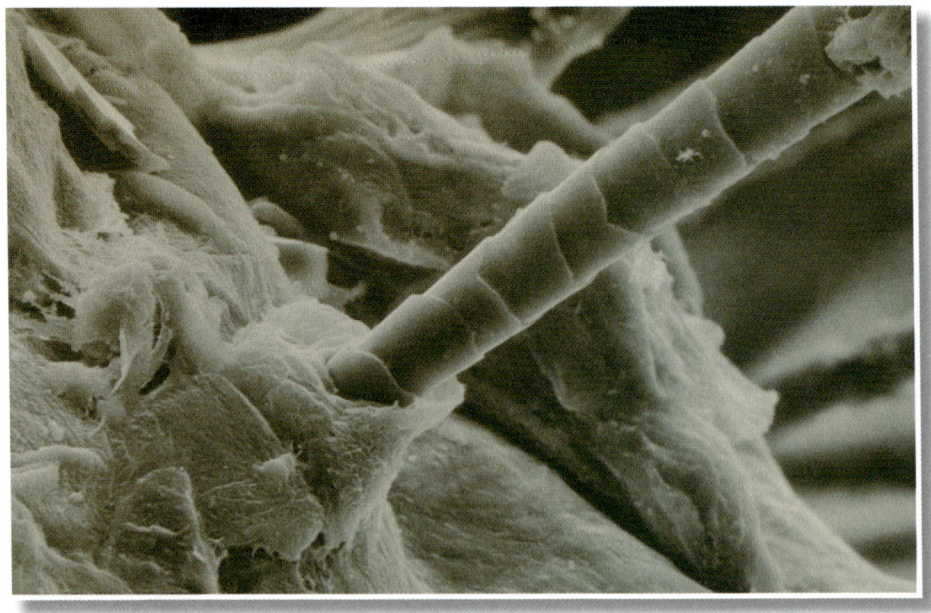

▲ *Dieses stark vergrößerte Foto zeigt ein menschliches Haar, das aus der Haut wächst.*

- **Menschen** gehören zu den wenigen Landkreaturen, die fast kein Fell haben. Wir haben zwar auch überall weiche, ganz feine Haare. Nur an einigen Stellen sind sie dicker.

- **Lanugo** nennt man das ganz feine Haar, mit dem Babys vom vierten Schwangerschaftsmonat bis zur Geburt bedeckt sind.

- **Flaum** ist das feine Haar, das bis zur Pubertät am ganzen Körper wächst.

- **Terminal-Haar** nennt man das dickere Haar auf dem Kopf, aber auch die Barthaare von Männern und die Schamhaare von Erwachsenen.

- **Die Haarfarbe** hängt davon ab, wieviel der Pigmente Melanin und Karotin das Haar enthält.

- **Haare**, die Karotin enthalten, sind rot oder rotbraun.

- **Schwarze**, braune und blonde Haare bekommen ihre Farbe durch das Melanin.

- **Jedes Haar** wächst in einer Vertiefung in der Haut, die man Follikel nennt. Die verdickte Haarwurzel hält es dort fest.

- **Haare** wachsen, weil Zellen sich mit einem Stoff namens Keratin anreichern, dann absterben und sich im Inneren des Follikels ansammeln.

- **Ein Mensch** hat ca. 120 000 Haare auf dem Kopf. Sie wachsen etwa 3 mm in der Woche.

▲ *Je nachdem, wie viel Melanin in den Melanozyten in der Wurzel gebildet wird, fällt die Haarfarbe anders aus.*

> . . . **FASZINIEREND!** . . .
> Man sagt, schlecht gepflegte Haare sähen leblos aus. Tatsächlich sind alle Haare leblos.

21

Das Skelett

- **Das Skelett** ist ein starres Gerüst aus Knochen, an dem die Muskeln befestigt sind. Es trägt die Haut und andere Organe und schützt die inneren Organe.

- **Das Skelett** eines Erwachsenen besteht aus 206 Knochen, die durch Gelenke und Knorpel miteinander verbunden sind. Manche Menschen haben zusätzliche Wirbel (die kleinen Knochen der Wirbelsäule).

- **Das Skelett** eines Babys hat über 300 Knochen. Im Laufe der Jahre wachsen einige davon zusammen.

- **Zu den Teilen**, die zusammenwachsen, gehören das Becken und der Schädel. Das Becken besteht aus dem Darmbein, dem Schambein und dem Sitzbein. Das Sitzbein ist der Knochen, auf dem man sitzt.

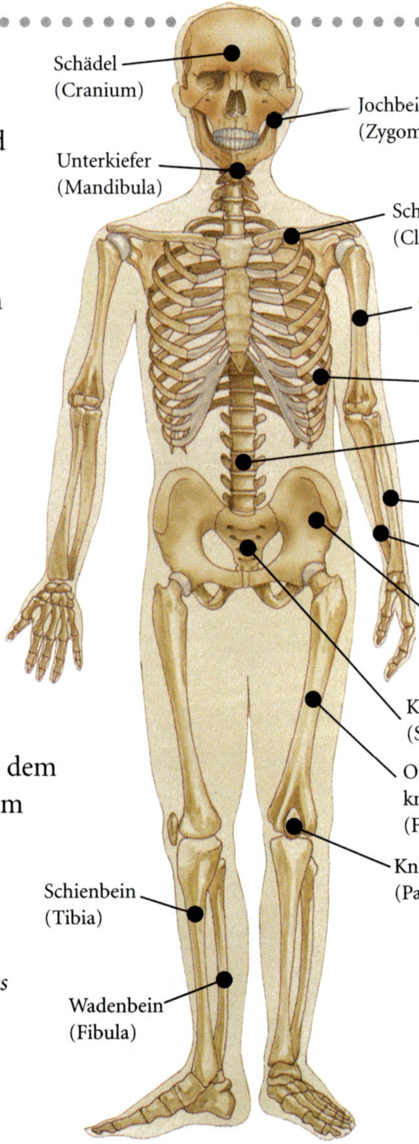

▶ *Das Skelett ist ein leichtes, aber sehr stabiles Gerüst, das den Körper stützt. Es besteht aus mehr als 200 Knochen.*

Schädel (Cranium)

Jochbein (Zygomaticum)

Unterkiefer (Mandibula)

Schlüsselbein (Clavicula)

Oberarm (Humerus)

Rippen (Costae)

Wirbelsäule (Vertebrae)

Elle (Ulna)

Speiche (Radius)

Beckenknochen (Pelvis)

Kreuzbein (Sacrum)

Oberschenkelknochen (Femur)

Kniescheibe (Patella)

Schienbein (Tibia)

Wadenbein (Fibula)

- **Das Skelett** besteht aus zwei Teilen – dem Axialskelett und dem Appendikularskelett.

- **Das Axialskelett** bilden die 80 Knochen des Oberkörpers: Schädel, Wirbelsäule, Rippen und Brustbein. Arm- und Schulterknochen sind da befestigt.

- **Zum Appendicularskelett** gehören die übrigen 126 Knochen: Arm- und Schulterknochen, Beine und Hüftknochen. Es enthält auch den Oberschenkelknochen, den längsten Knochen des Menschen.

- **Das Wort Skelett** stammt von dem griechischen Wort für „trocken" ab.

- **Frauen und Mädchen** haben meist kleinere und leichtere Knochen als Männer und Jungen. Dafür ist das Becken von Frauen und Mädchen breiter. Das ist wichtig, weil bei der Geburt ein Baby hindurch passen muss.

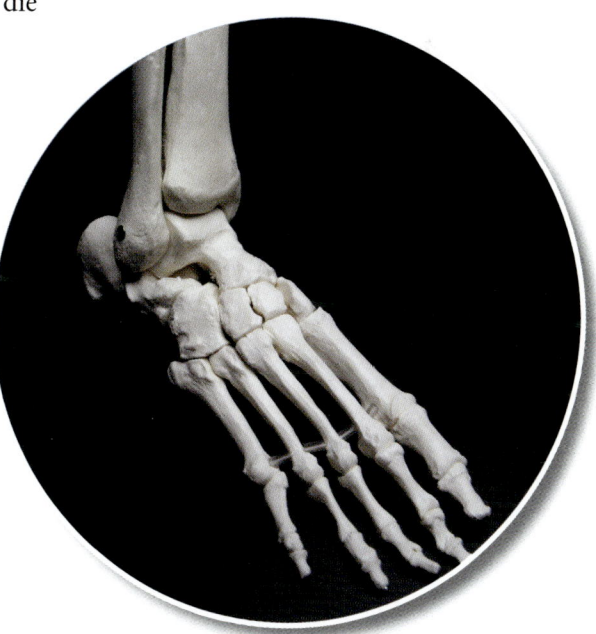

. . . **FASZINIEREND!** . . .
Der kleinste Knochen im Körper ist nur 3 mm lang. Er befindet sich im Ohr.

▲ *Das Foto zeigt die 25 Knochen des Fußes. 6 befinden sich im Knöchel, 19 in Fuß und Zehen.*

Knochen

- **Knochen** sind so stark, dass sie doppelt so viel Druck aushalten wie Granit und viermal so viel Zugspannung wie Beton.

- **Ein Knochen** ist mindestens fünfmal so stabil wie ein Stück Stahl gleichen Gewichts.

- **Knochen** sind sehr leicht. Sie machen nur 14% des Körpergewichts aus.

- **Knochen** sind so hart, weil in ihnen Mineralien wie Kalzium und Phosphat eingelagert sind.

▶ *Knochen sind leicht, aber sehr stabil, weil sie im Inneren viele kleine Löcher haben.*

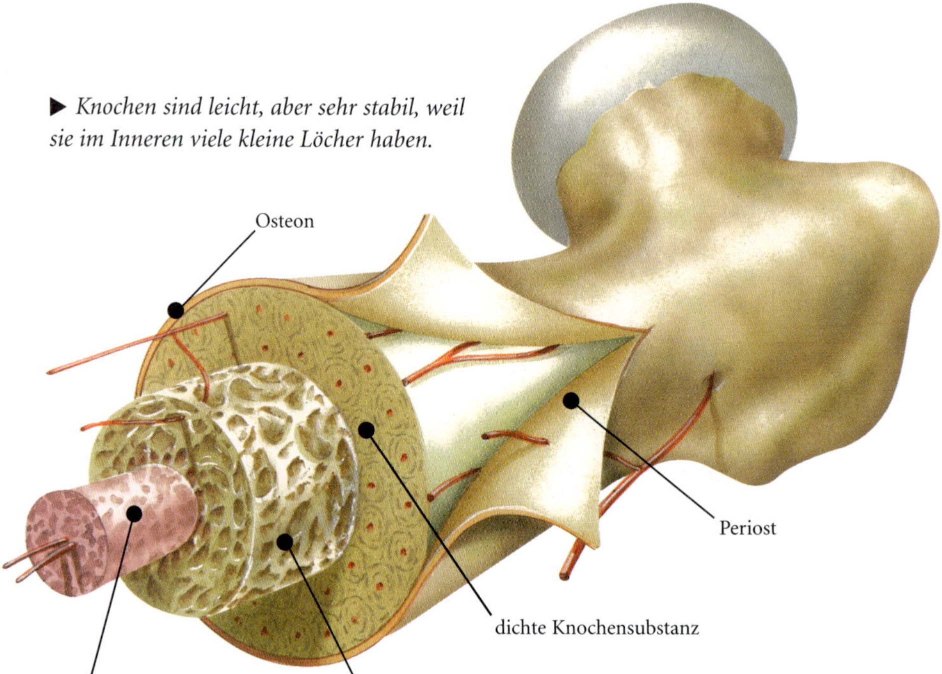

Osteon

Periost

dichte Knochensubstanz

Knochenmark

lockere Knochensubstanz

- **Knochen** sind biegsam, weil sie zähe, elastische, seilähnliche Collagenfasern enthalten.

- **Der harte, äußere Teil** des Knochens ist durch stabile, stabartige Fasern verstärkt (Osteonen).

- **Der innere, lockerere Teil** des Knochens ist wie eine Wabe aufgebaut. Er besteht aus feinen Strängen, die starke Belastungen aushalten.

- **Im Inneren** mancher langen Knochen, z. B. im Bein oder Arm, befindet sich eine weiche Masse, das Knochenmark.

- **An einigen Stellen** jedes Knochens befinden sich spezielle Zellen (Osteoblasten), die neues Knochenmaterial herstellen. In anderen Teilen wiederum bauen Zellen (Osteoklasten) altes Knochenmaterial ab.

- **Knochen** wachsen an ihrem jeweiligen Ende, diese Bereiche nennt man Epiphysenfuge.

▲ *Milch enthält das Mineral Kalzium. Es ist für den Aufbau stabiler Knochen wichtig. Babys und Kinder brauchen viel Milch, damit sich ihre Knochen gut entwickeln.*

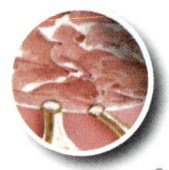

Das Knochenmark

- **Knochenmark** ist ein weiches, geleeartiges Gewebe im Inneren von Knochen.

- **Knochenmark** kann rot oder gelb sein, je nachdem, ob es mehr Blut- oder Fettgewebe enthält.

- **Rotes Knochenmark** kann man als „Fabrik des Körpers" bezeichnen, in der alle Blutkörperchen (außer einigen weißen) gebildet werden.

- **Bei Babys** ist das gesamte Knochenmark rot. Je älter man wird, desto mehr davon verfärbt sich gelb.

- **Bei Erwachsenen** findet man rotes Knochenmark nur in den Enden der langen Gliedmaßen-Knochen sowie im Brustbein, in der Wirbelsäule, in den Rippen, Schulterblättern, Beckenknochen und im Schädel.

- **Gelbes Knochenmark** ist ein Fettspeicher. Wenn man krank ist, kann es sich wieder in rotes verwandeln.

- **Im roten Knochenmark** werden so genannte Stammzellen gebildet. Wenn sich diese Stammzellen wieder und wieder teilen, entstehen die verschiedenen Blutzellen.

- **Manche Stammzellen** bilden bei ihrer Teilung rote Blutkörperchen und Blutplättchen.

- **Andere Stammzellen** bilden bei ihrer Teilung Lymphoblasten. Wenn diese sich wieder teilen, entstehen verschiedene weiße Blutkörperchen wie Monozyten und Lymphozyten.

- **Die weißen Blutkörperchen** aus dem Knochenmark sind wichtig für das Immunsystem des Körpers. Darum können Menschen mit Krankheiten des Immunsystems manchmal durch eine Knochenmark-Transplantation gerettet werden.

Neutrophil

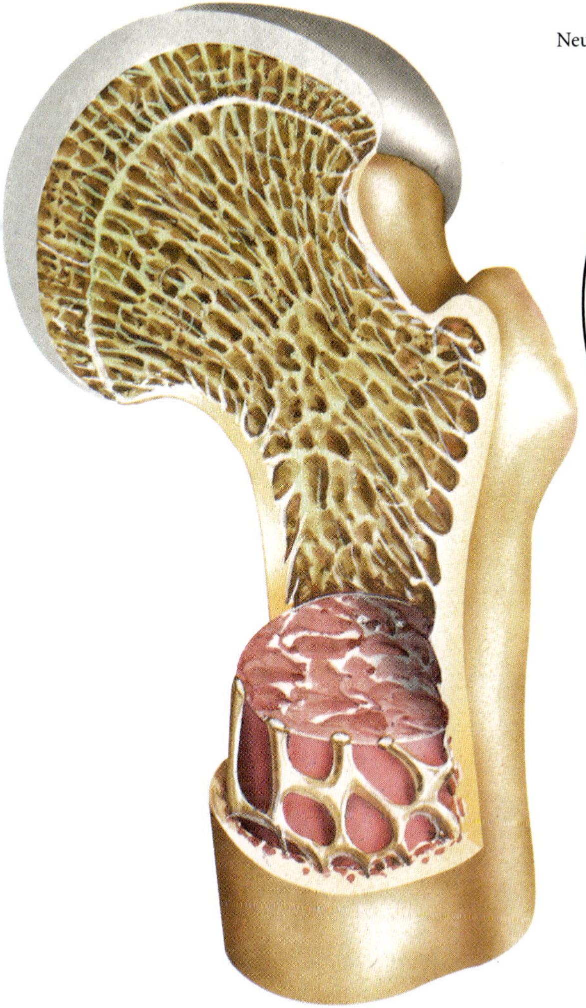

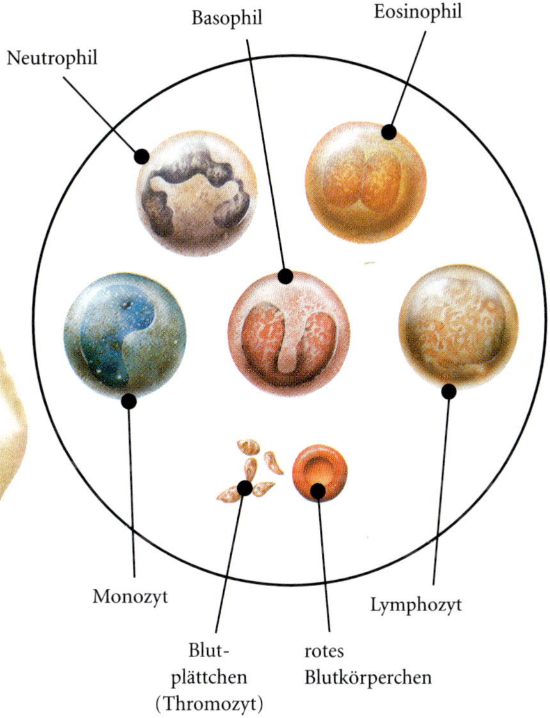

Basophil

Eosinophil

Monozyt

Blut-
plättchen
(Thromozyt)

rotes
Blutkörperchen

Lymphozyt

◀ *Unter der harten Hülle vieler Knochen liegt ein weicher, geleeartiger Kern:
das Mark. Es kann gelb oder rot sein.
Das rote Knochenmark ist die „Blutkör-
perchenfabrik" des Körpers. Es bildet
jeden Tag 5 Millionen neue Zellen.
Einige Arten von Blutkörperchen sind
oben zu sehen.*

27

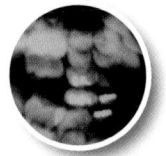

Der Schädel

- **Der Schädel** ist die harte Knochenhülle, die das Gehirn umgibt und schützt.

- **Der Schädel** sieht aus wie ein einziger Knochen. Tatsächlich besteht er aber aus 22 einzelnen Knochen mit bandhaften Verbindungen.

- **Die obere Rundung** nennt man Schädeldach. Sie besteht aus acht ineinander verwachsenen, gebogenen Knochenplatten.

- **Außer den Nasennebenhöhlen** hat der Schädel vier große Höhlungen: die große Wölbung für das Gehirn, die Nasenhöhlung und die beiden Augenhöhlen.

- **Der Schädel** hat Öffnungen für Blutgefäße und Nerven, z.B. für den Sehnerv der Augen und den Riechnerv der Nase.

> ···· FASZINIEREND! ····
> Die Schädel-Knochenplatten eines Babys haben weiche
> Stellen, die erst mit etwa 18 Monaten verwachsen.

▲ *Größe und Form von Schädeln sind unterschiedlich. Ein größerer Schädel bedeutet aber nicht, dass die Person intelligenter ist.*

- **Die größte Öffnung** liegt im unteren Teil des Schädels und heißt Foramen magnum. Hier treffen Schädel und Wirbelsäule zusammen.

- **Im 19. Jahrhundert** gab es Forscher, die der Überzeugung waren, anhand der kleinen Erhebungen am Schädel auf den Charakter seines Besitzers schließen zu können.

- **Archäologen** können durch Computeranalysen uralter Schädel die Gesichter von Menschen aus der Vergangenheit rekonstruieren.

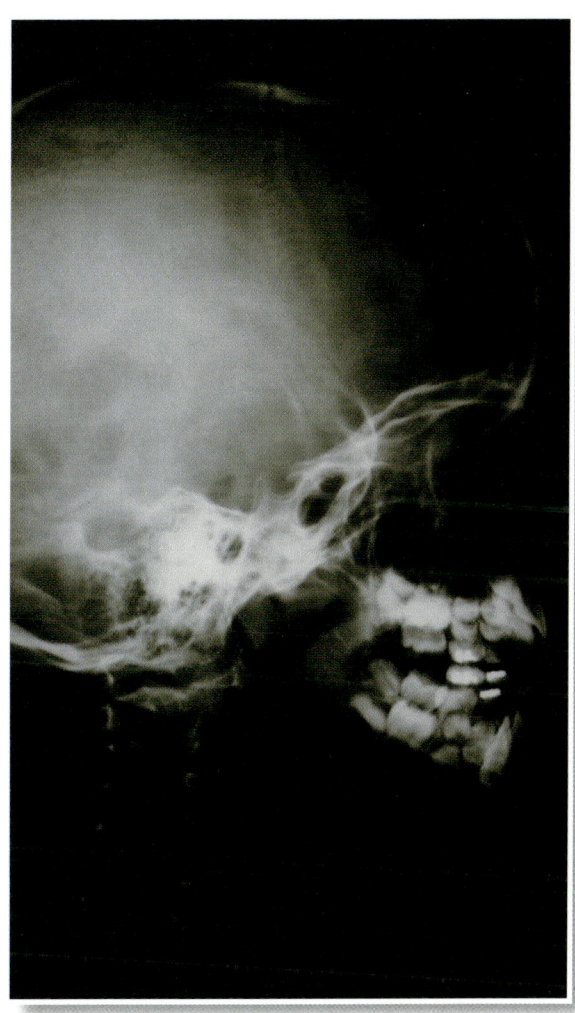

▶ *Ein Kinderkopf (hier eine Röntgenaufnahme) ist im Verhältnis zum Körper recht groß. Wenn der Körper wächst, verändern sich die Proportionen und der Kopf sieht kleiner aus.*

29

Die Wirbelsäule

- **Die Wirbelsäule**, auch Rückgrat genannt, erstreckt sich vom Schädel bis zum Becken.

- **Die Wirbelsäule** ist kein einzelner Knochen, sondern besteht aus vielen kleinen Einzelknochen, den Wirbeln.

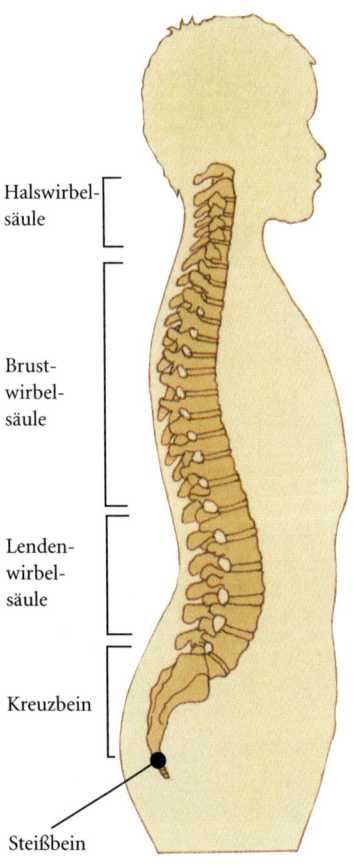

Halswirbel-
säule

Brust-
wirbel-
säule

Lenden-
wirbel-
säule

Kreuzbein

Steißbein

- **Insgesamt** hat ein Mensch 33 Wirbelkörper. Allerdings wachsen einige zusammen.

- **Jeder Wirbel** ist durch ein kleines Gelenk, das wie eine Kupplung aussieht, mit seinem Nachbarn verbunden.

- **Zwischen den Wirbeln** liegen Scheiben aus Knorpel, die Bandscheiben. Sie fangen Stöße ab, wenn man läuft oder springt.

- **Die Knochen** der Wirbelsäule unterteilt man von oben nach unten in fünf Gruppen: 7 Halswirbel, 12 Brustwirbel, 5 Lendenwirbel, das Kreuzbein aus 5 verwachsenen Wirbeln und das Steißbein aus 4 verwachsenen Wirbeln.

- **Die Halswirbel** liegen an der Rückseite des Halses. Die Brustwirbel liegen im oberen Rücken. An jedem Brustwirbel ist ein Rippenpaar befestigt. Die Lendenwirbelsäule liegt im unteren Rücken.

◀ *Die Wirbelsäule ist nicht gerade. Die 33 Wirbel bilden eine leichte S-Kurve.*

- **Eine gesunde Wirbelsäule** ist wie ein doppeltes S gebogen. Die Halswirbelsäule zeigt nach vorne, die Brustwirbelsäule nach hinten, die Lendenwirbelsäule wieder nach vorn und das Kreuzbein nach hinten.

> ····**FASZINIEREND!**····
> Der Glöckner von Notre Dame litt an Kyphose – einer Krankheit, bei der die Wirbelsäule rückwärts gerichtet gekrümmt ist.

- **Auf der Rückseite** hat jeder Wirbel einen Vorsprung. Die Vorsprünge aller Wirbel zusammen bilden einen Kanal, in dem sich das Rückenmark befindet. Das ist der zentrale Nervenstrang des Körpers.

▲ *Kräftiges Strecken hält die Wirbelsäule elastisch und löst Verspannungen.*

31

Rippen

- **Die Rippen** sind schmale, abgeflachte Knochen, die sich um die Brust wölben.

- **Alle Rippen** gemeinsam bilden den Brustkorb.

- **Der Brustkorb** schützt nicht nur die Wirbelsäule, sondern auch lebenswichtige Organe: Herz, Lunge, Leber, Nieren, Magen und Milz.

- **Jeder Mensch** hat zwölf Paar Rippen.

- **Sieben Paare** nennt man echte Rippen. Jede Rippe ist vorn am Brustbein befestigt. Sie beschreibt einen Bogen und trifft im Rücken mit einem Streifen aus Knorpel an einen Wirbel.

- **Es gibt drei Paar** falsche Rippen. Sie sind nur an den Wirbeln, und nicht am Brustbein befestigt. Diese Rippen sind durch Knorpel mit den darüber liegenden verbunden.

- **Zwei Paar Rippen** sind nur an den Wirbeln der Wirbelsäule befestigt.

- **In den Lücken** zwischen den Rippen befinden sich dünne Schichten aus Muskelgewebe, die sich beim Atmen ausdehnen und entspannen.

- **Wenn etwa** bei einem schweren Autounfall mehrere Rippen gebrochen werden, bewegen die Lungen beim Atmen die Rippen vor und zurück.

> **FASZINIEREND!**
> Die Rippenknochen enthalten rotes Knochenmark. Sie sind wichtige „Blutzellenfabriken".

▶ *Die Rippen bilden den Brustkorb – eine Art Käfigpanzer, der Herz, Lunge und andere wichtige Organe schützt.*

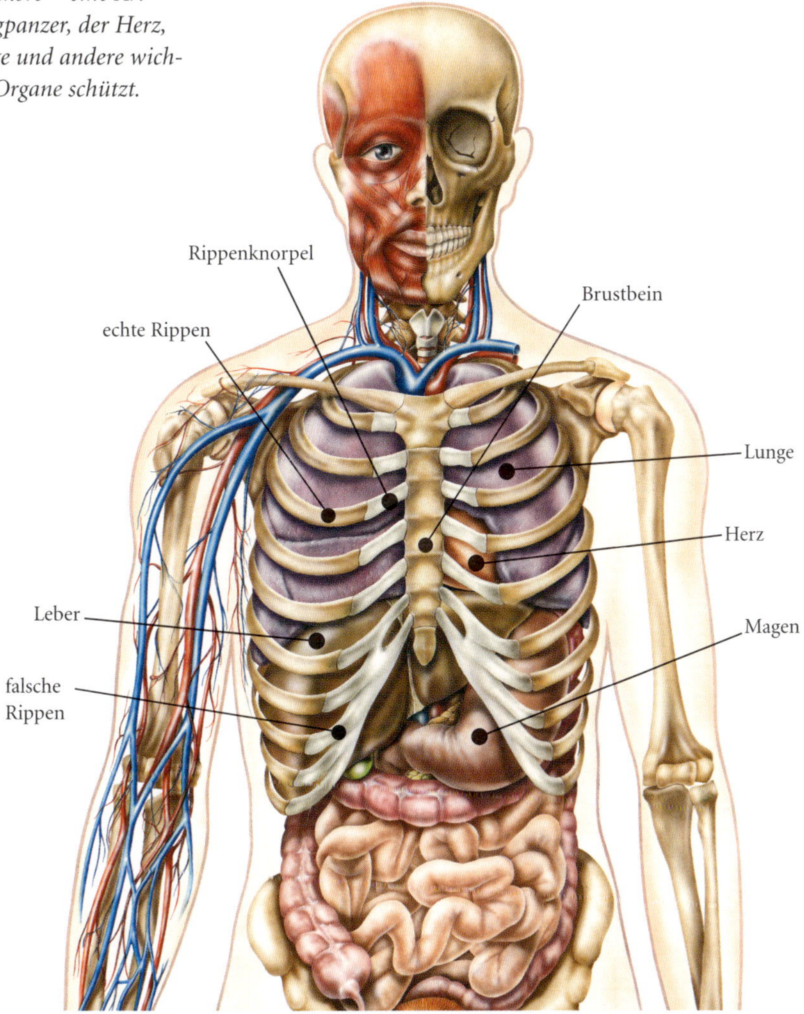

Rippenknorpel

echte Rippen

Brustbein

Lunge

Herz

Leber

Magen

falsche Rippen

33

Gelenke

▶ *Turner müssen sehr bewegliche, geschmeidige Gelenke haben, damit sie so extreme Bewegungen ausführen können.*

● **An den Gelenken** treffen die Knochen zusammen.

● **Der Schädel** besteht aus 22 einzelnen Knochenplatten, die fest miteinander verbunden sind, sodass sie sich nicht bewegen können.

● **Die meisten Gelenke** (außer den festen Verbindungen wie im Schädel) ermöglichen Bewegungen der Knochen. Unterschiedliche Gelenke lassen verschiedene Bewegungen zu.

- **Scharniergelenke** wie im Ellenbogen kann man nur hin und her bewegen wie eine Tür in ihrem Scharnier.

> ···**FASZINIEREND!**···
> Das Kniegelenk kann man strecken, biegen und – leicht gebeugt – kreisen lassen.

- **Bei Kugelgelenken** wie an Schulter und Hüfte hat der Knochen ein rundes Ende, das in einer Art Kapsel sitzt und sich in fast jede Richtung bewegen kann.

- **Drehgelenke** oder Radgelenke funktionieren ähnlich wie ein Rad auf einer Achse. Man kann den Kopf auf der Wirbelsäule nach rechts und links drehen.

- **Bei Sattelgelenken** wie im Daumen sind die Knochen wie zwei kleine Sättel verbunden. Solche Gelenke sind beweglich und kräftig.

- **Die Gelenke** zwischen den Rückenwirbeln sind recht unbeweglich. Zur Polsterung befinden sich Knorpelschichten zwischen den Wirbeln.

- Die stark beweglichen **Kugelgelenke** etwa an der Hüfte sind ebenfalls mit Knorpel gepolstert und werden zusätzlich mit einer öligen Flüssigkeit geschmiert.

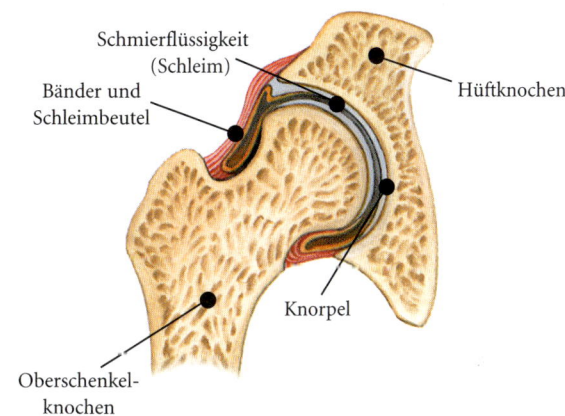

Schmierflüssigkeit (Schleim)

Bänder und Schleimbeutel

Hüftknochen

Knorpel

Oberschenkel-knochen

▶ *Das Hüftgelenk ist ein Kugelgelenk, das stark strapaziert wird. Wenn die schützende Knorpelschicht abgenutzt ist, lässt es sich durch ein künstliches Hüftgelenk aus Plastik ersetzen.*

35

Knorpel

- **Knorpel** ist eine gummiartige Substanz an vielen Stellen im Körper. Wenn man sein Ohr vor und zurück bewegt, kann man den Knorpel fühlen.

- **Knorpel** besteht aus Zellen, die man Chondrozyten nennt. Sie sind mit Kollagenfasern in einer geleeartigen Substanz eingebettet und von einer zähen Faserhülle umgeben.

- **Es gibt drei Knorpeltypen**: hyalinen, fibrösen und elastischen Knorpel.

- **Hyaliner Knorpel** kommt besonders häufig vor. Er ist fast durchsichtig, weißlich und recht steif.

- **Hyaliner Knorpel** findet sich in vielen Gelenken und zwischen den Rippen, um sie gegen Stöße abzupolstern.

▼ *Ein Schlag auf die Nase kann leicht den Nasenknorpel beschädigen. Bei Boxern geschieht das häufig.*

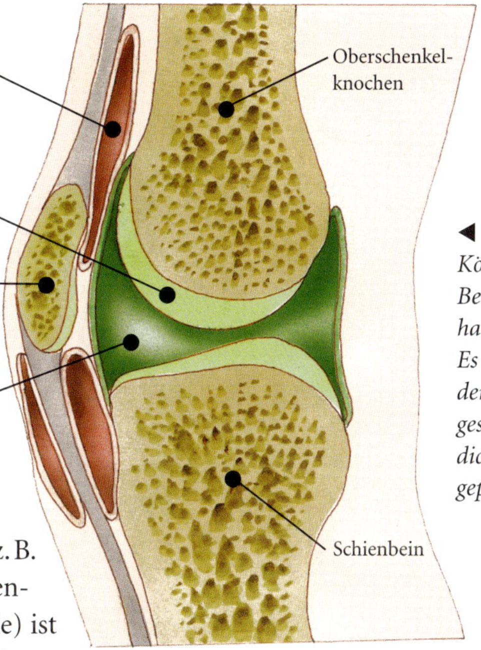

Schleimbeutel

Oberschenkel-
knochen

Hyaliner Knorpel bedeckt
das Ende des Knochens.

Kniescheibe

Meniskus
(fibröser Knorpel)

Schienbein

◄ *Kein Gelenk des
Körpers muss mehr
Belastungen aus-
halten als das Knie.
Es wird durch Bän-
der und Sehnen
gestützt und ist mit
dicken Knorpeln
gepolstert.*

- **Fibröser Knorpel** (z. B. zwischen den Rücken-wirbeln und im Knie) ist sehr widerstandsfähig.

- **Der Knorpel** im Knie bildet zwischen Ober- und Unterschenkelknochen zwei Schalenformen, die man Meniskus nennt.

- **Elastischer Knorpel** ist sehr flexibel. Man findet ihn in den Atemwegen, in Nase und Ohren.

- **Knorpel** wächst schneller als Knochen. Das Skelett eines Ungeborenen be-steht hauptsächlich aus Knorpel, der allmählich zu Knochen umgebaut wird.

- **Osteoarthritis** ist eine Krankheit, bei der sich der Knorpel auflöst, sodass Bewegungen schmerzen.

Muskeln

- **Muskeln** sind spezielle Fasern, die sich zusammenziehen (kontrahieren) und entspannen können, um Körperteile zu bewegen.

- **Willkürliche Muskeln** kann man durch den eigenen Willen steuern, etwa die Muskeln im Arm.

- **Unwillkürliche Muskeln** kann man nicht steuern. Sie arbeiten automatisch, wie z.B. die Muskeln, die Nahrung durch die Gedärme transportieren.

- **Die meisten willkürlichen Muskeln** sind am Skelett befestigt. Man nennt sie auch gestreifte Muskeln, weil sie aus dunklen Faserbündeln bestehen, die wie Streifen aussehen.

- **Die meisten unwillkürlichen Muskeln** haben eine Beutel- oder Röhrenform wie Darm oder Blutgefäße. Man nennt sie glatte Muskeln, weil ihnen die streifenartigen Bündel der willkürlichen Muskeln fehlen.

▶ *Diese Mikroskop-Aufnahme zeigt den Querschnitt durch einen gestreiften Muskel. Er heißt so, weil die Fasern aus hellen und dunkleren Streifen bestehen.*

38

- **Die meisten Muskeln** sind paarweise angeordnet. Sie können sich zwar zusammenziehen, aber meist verlängern sie sich. So gibt es immer einen Beuger, der ein Gelenk beugt, und dazu einen Strecker, der es wieder gerade streckt.

- **Der Herzmuskel** ist eine einzigartige Kombination aus glatten und gestreiften Muskeln. Er hat einen eingebauten Kontraktionsrhythmus von etwa 70 Schlägen pro Minute. Spezielle Muskelzellen wirken wie Nervenzellen und übertragen die Signale für die Kontraktionen des Herzens.

- **Der längste Muskel** ist der Sartorius-Muskel am inneren Oberschenkel.

- **Der breiteste Muskel** ist der breite Rückenmuskel, der sich seitlich um den Oberkörper zieht.

- **Der größte Muskel** ist der Gluteus Maximus oder Gesäßmuskel.

▶ *Der Mensch hat mehr als 640 Skelettmuskeln. Sie machen etwa 40 % deines Körpergewichts aus und bedecken den ganzen Körper wie eine grobe Decke. Diese Zeichnung zeigt nur die größten Muskeln auf der Rückseite des Körpers. Darunter liegen noch zwei, manchmal auch drei, weitere Schichten. Die meisten Muskeln sind an beiden Enden fest verankert und an den Knochen zu beiden Seiten eines Gelenks befestigt – entweder direkt oder durch die Bänder.*

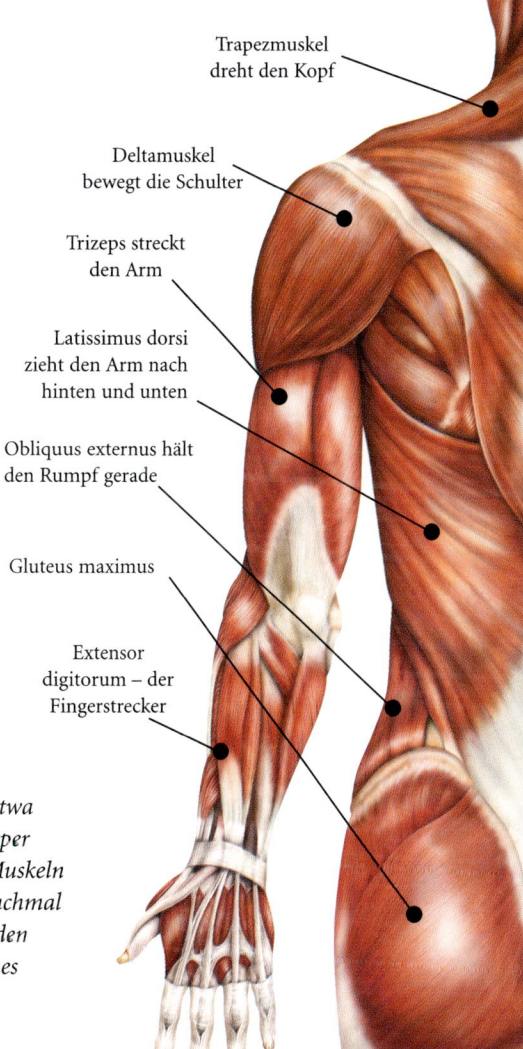

Trapezmuskel dreht den Kopf

Deltamuskel bewegt die Schulter

Trizeps streckt den Arm

Latissimus dorsi zieht den Arm nach hinten und unten

Obliquus externus hält den Rumpf gerade

Gluteus maximus

Extensor digitorum – der Fingerstrecker

Muskelbewegung

▲ *Sportler haben manchmal Muskelkater. Wenn Muskeln kontrahiert werden, produzieren sie Milchsäure. Wird zu viel Milchsäure produziert, verursacht sie diese Beschwerden.*

● **Die meisten Muskeln** sind lang und dünn. Wenn sie arbeiten, ziehen sie sich zusammen – manchmal auf ihre halbe Länge.

● **Die Skelettmuskeln**, die Bewegungen ermöglichen, bestehen aus speziellen Zellen. Im Gegensatz zu anderen Zellen haben sie nicht nur einen Kern, sondern mehrere Kerne in einer langen Faser, die man Skelettmuskelfaser nennt.

● **Muskeln** bestehen aus Hunderten oder Tausenden solcher Fasern, die wie die Fasern eines Seils verbunden sind.

● **Muskelfasern** bestehen aus winzigen Strängen, die man Myofibrillen nennt. Diese Stränge sind gestreift – daher die Bezeichnung „gestreifte" Muskulatur.

- **Die Streifen der Muskeln** bestehen aus abwechselnd angeordneten Fasern zweier Stoffe: Aktin und Myosin.

- **Aktin und Myosin** greifen ineinander wie die Zähne eines Reißverschlusses.

- **Wenn das Gehirn** ein Nervensignal aussendet, drehen sich chemische „Häkchen" an dem Myosin und ziehen dabei die Aktin-Fasern mit. So verkürzt sich der Muskel.

- **Die chemischen Häkchen** am Myosin bestehen aus einem Stamm, auch Brücke genannt, und einem Kopf aus dem chemischen Stoff Adenosin-Triphosphat (ATP).

- **ATP** reagiert empfindlich auf Kalzium. Wenn das Gehirn dem Muskel den Befehl zur Kontraktion geben will, wird Kalzium ausgeschüttet. So wird die Reaktion des ATP ausgelöst.

· · ·FASZINIEREND!· · ·
Wenn alle Muskeln gemeinsam arbeiten würden, könnte man einen Bus stemmen.

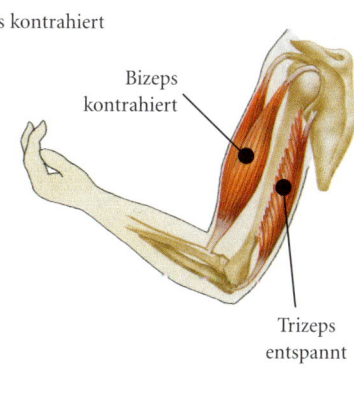

Trizeps kontrahiert

Bizeps entspannt

Bizeps kontrahiert

Trizeps entspannt

▶ *Muskeln wie der Bizeps und der Trizeps im Oberarm arbeiten paarweise zusammen. Der eine streckt den Arm, der andere beugt ihn.*

Der Arm

- **Der Arm** besteht aus drei langen Knochen, die am Ellenbogen mit einem Scharniergelenk verbunden sind.

- **Die beiden Knochen** des Unterarms nennt man Elle und Speiche.

- **Die Speiche** trifft an der Daumenseite ans Handgelenk.

- **Die Elle** trifft an der Außenseite ans Handgelenk.

- Am Handgelenk kann man den Puls besonders gut fühlen, weil hier große Arterien dichter unter der Haut verlaufen als an anderen Stellen des Körpers.

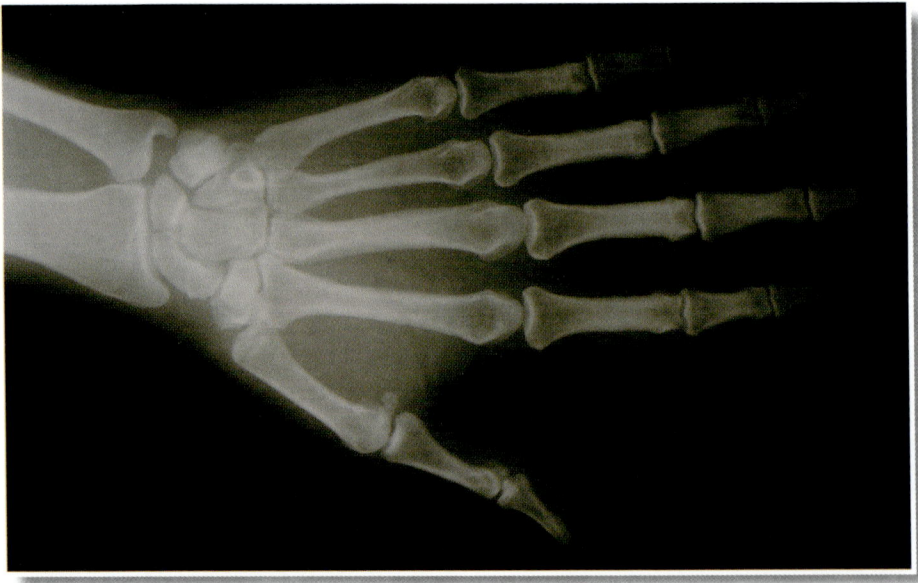

▲ *Weil die Hand aus so vielen kleinen Knochen besteht, kann sie komplizierte Bewegungen ausführen, etwa schreiben oder Klavier spielen.*

> ...FASZINIEREND!...
> Die beiden wichtigsten Muskeln des
> Oberarms sind Bizeps und Trizeps.

- **Die beiden wichtigsten Muskeln** des Oberarms sind der Bizeps (der den Ellenbogen beugt) und der Trizeps (der ihn streckt).

- **Die Hand** besteht aus 26 Knochen, darunter die Handgelenkknochen, die Mittelhandknochen und die Fingerknochen.

- **In den Händen** gibt es keine starken Muskeln. Wenn du kräftig zupackst, kommt die Kraft aus den Muskeln im Unterarm, die durch lange Sehnen und Bänder mit den Knochen der Hand verbunden sind.

- **Die Schulter** ist ein sehr bewegliches, aber nicht sehr stabiles Gelenk. Das liegt daran, dass das Kugelgelenk in einer recht flachen Schale liegt. Es wird durch sechs große Muskelgruppen an seinem Platz gehalten, darunter der kräftige Delta-Muskel.

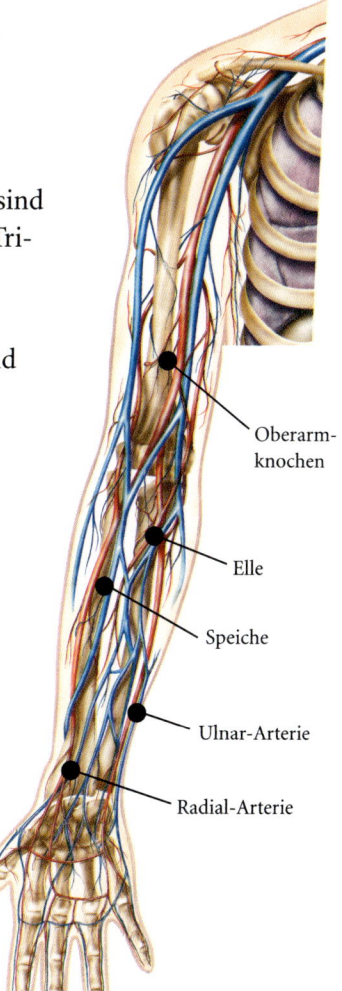

Oberarm-
knochen

Elle

Speiche

Ulnar-Arterie

Radial-Arterie

▶ *Wenn man sich an einem warmen Tag die Innenseite des Handgelenks ansieht, kann man vielleicht die Radialarterie unter der Haut erkennen.*

Reflexe

▲ *Viele Sportler haben Superreflexe: Sie handeln schneller, als ihr Gehirn denken könnte.*

- **Reflexe** sind automatische Muskelbewegungen (sie geschehen, ohne dass man darüber nachdenkt).

- **Angeborene Reflexe** hat man schon bei der Geburt, z.B. Zittern bei Kälte oder Wasser lassen.

- **Der Kniescheibensehnenreflex** ist angeboren. Klopft man auf eine Sehne unterhalb der Kniescheibe, wippt der ganze Unterschenkel nach oben.

- **Primitive Reflexe** haben schon Babys, z.B. den Greifreflex. Legt man einem Baby etwas auf die Handfläche, greift es automatisch zu.

- **Konditionierte Reflexe** lernt man durch Gewohnheit, wenn bestimmte Wege des Nervensystems immer wieder benutzt werden.

- **Konditionierte Reflexe** helfen dabei, viele Dinge ohne Nachzudenken zu tun, etwa eine Tasse halten oder einen Fußball schießen.

- **Reflexreaktionen** sorgen dafür, dass man z. B. die Hand von etwas Heißem zurückzieht, bevor man darüber nachdenkt.

- **Bei Reflexreaktionen** wird das Gehirn kurzgeschlossen. Das Alarmsignal aus der Hand löst im Rückenmark ein motorisches Signal aus, das die Hand bewegt.

- **Ein Reflexbogen** ist der Nervenweg von einer Sinneswahrnehmung über die Wirbelsäule zum Muskel.

6.) Gehirn wird erst Sekundenbruchteile später informiert

4.) motorischer Nerv

3.) Reflexverbindung im Rückenmark

5.) Muskel zieht die Hand weg

1.) Schmerz-Sensor

2.) sensorischer Nerv

▶ *Sticht man sich an einer Nadel, wird eine Meldung über den sensorischen Nerv ans Rückenmark übermittelt. Dann zieht ein motorischer Nerv sofort die Hand zurück. Das nennt man eine Relexhandlung.*

45

Sehnen und Bänder

- **Sehnen** sind Stränge, mit denen Muskeln an Knochen oder an anderen Muskeln befestigt sind.

- **Die meisten Sehnen** sind rund und sehen aus wie seilähnliche Faserbündel. Nur im unteren Bauch hat der Mensch flächige Sehnen, die Aponeurosen.

- **Sehnenfasern** bestehen aus einer gummiartigen Substanz namens Kollagen.

- **Die Finger** werden durch Muskeln im Unterarm bewegt, die durch lange Sehnen mit den Fingerknochen verbunden sind.

▲ *Sehnen bilden die Verbindung zwischen Knochen und Muskeln. Sie verhindern, dass Muskeln bei starker Belastung reißen.*

. . . **FASZINIEREND!** . . .
Der griechische Held Achilles hatte an der Ferse seine einzige verwundbare Stelle.

- **Die Achillessehne** zieht die Ferse nach oben.

- **Bänder** sind auf beiden Seiten von Gelenken an den Knochen befestigt. Sie dienen dazu, die Gelenke zu stützen.

- **Bänder** halten auch verschiedene Organe im Körper, darunter die Leber, die Blase und die Gebärmutter.

- **Die Brüste einer Frau** werden durch Bündel von Bändern gehalten.

- **Bänder** bestehen aus Bündeln zäher Kollagenfasern und der elastischen Substanz Elastin.

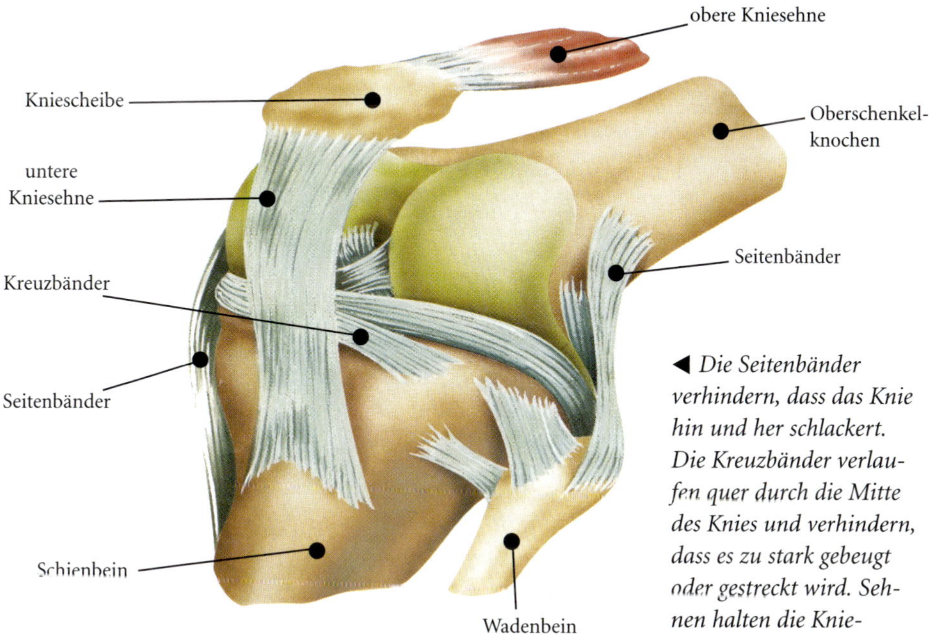

obere Kniesehne

Kniescheibe

Oberschenkel-knochen

untere Kniesehne

Seitenbänder

Kreuzbänder

Seitenbänder

Die Seitenbänder verhindern, dass das Knie hin und her schlackert. Die Kreuzbänder verlaufen quer durch die Mitte des Knies und verhindern, dass es zu stark gebeugt oder gestreckt wird. Sehnen halten die Knie-scheibe an ihrem Platz.

Schienbein

Wadenbein

47

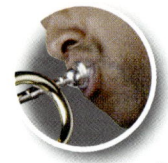

Die Atmung

- **Wir atmen**, weil jede Zelle des Körpers ständig Sauerstoff braucht, um Glukose zu verbrennen – einen energiereichen Stoff aus der verdauten Nahrung, den die Zellen durch das Blut erhalten.

- **Wissenschaftler** nennen die Atmung Respiration. Zellrespiration ist die Art und Weise, wie die Zellen mithilfe von Sauerstoff Glukose verarbeiten.

- **Der Sauerstoff** aus der Luft wird von den Lungen aufgenommen und dann über das Blut zu den Körperzellen transportiert.

- **Kohlendioxid** ist ein Abfallstoff der Zellen. Er wird über das Blut zur Lunge transportiert und ausgeatmet.

- **Im Durchschnitt** atmet man 15-mal pro Minute. Beim schnellen Laufen bis zu 80-mal; Neugeborene atmen etwa 40-mal in der Minute.

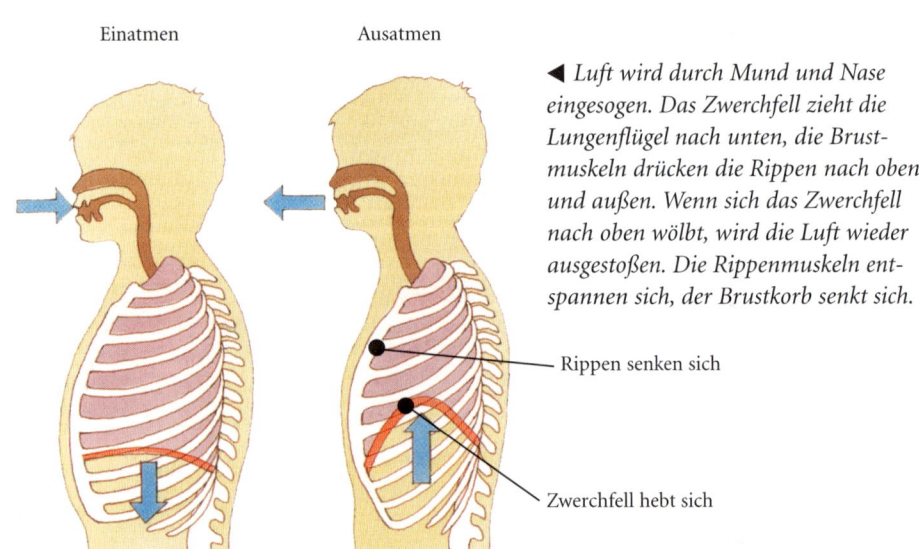

Einatmen   Ausatmen

◀ *Luft wird durch Mund und Nase eingesogen. Das Zwerchfell zieht die Lungenflügel nach unten, die Brustmuskeln drücken die Rippen nach oben und außen. Wenn sich das Zwerchfell nach oben wölbt, wird die Luft wieder ausgestoßen. Die Rippenmuskeln entspannen sich, der Brustkorb senkt sich.*

Rippen senken sich

Zwerchfell hebt sich

- **Im Alter** von 80 Jahren hat man mehr als 600 Millionen Atemzüge gemacht.

- **Bei einem normalen Atemzug** nimmt man etwa 0,4 Liter Luft auf. Bei einem tiefen Atemzug können es bis zu 4 Liter Luft sein. Sportler haben meist ein größeres Lungenvolumen.

- **Das Zwerchfell** ist ein kuppelförmiger Muskel zwischen Brust und Magen. Zusammen mit den Brustmuskeln steuert es das Ein- und Ausatmen.

- Mediziner nennen das Einatmen „Inspiration" und das Ausatmen „Exspiration".

▶ *Blasmusiker wie dieser Trompeter steuern den Luftstrom, den sie in ihr Instrument blasen, mithilfe des Zwerchfells und der Brustmuskeln. So können sie den Klang beeinflussen.*

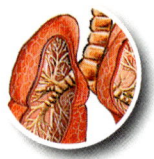

Atemwege

- **Die oberen Atemwege** umfassen Nase und Mund und Rachen (Pharynx).

- **Die unteren Atemwege** umfassen den Kehlkopf (Larynx), die Luftröhre und die Atemwege der Lunge (Bronchien).

- **Die Nasennebenhöhlen** sind Kammern in den Schädelknochen, die Stirn und Gesicht bilden.

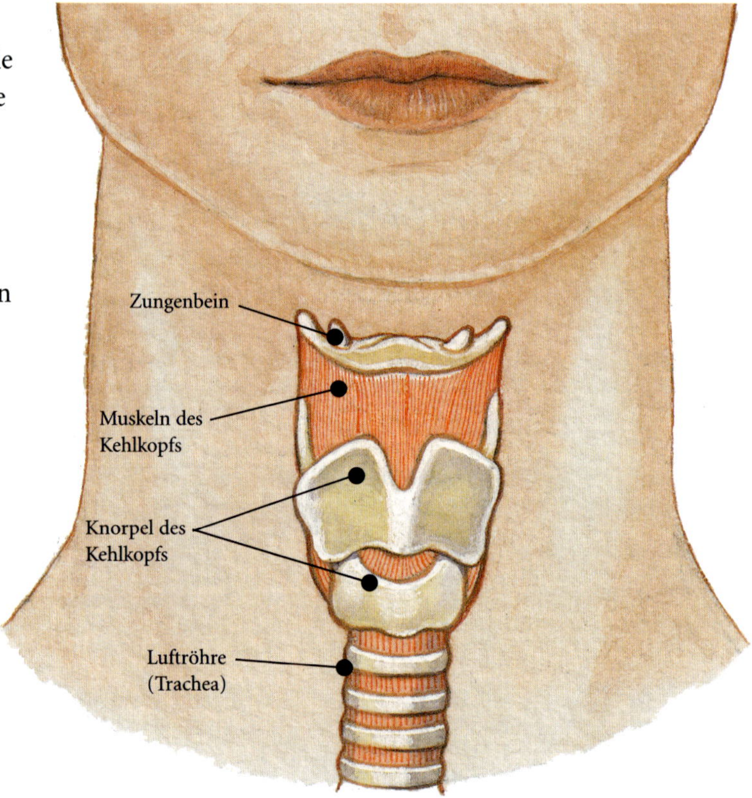

▶ *Wenn Luft durch Mund oder Nase eingeatmet wird, gelangt sie in die Luftröhre (die durch Knorpelringe offen gehalten wird) und dann in die Lungen.*

> ...**FASZINIEREND!**...
> Röhren verbinden Hals und Ohren. Beim Schlucken öffnen sie sich zum Druckausgleich.

Zungenbein

Muskeln des Kehlkopfs

Knorpel des Kehlkopfs

Luftröhre (Trachea)

- **Der weiche Gaumen** (Gaumensegel) ist eine Gewebeklappe hinten im Mund, die beim Schlucken nach oben gedrückt wird, damit keine Nahrung versehentlich in die Nase gelangt.

- **Im Hals** verläuft eine Röhre vom hinteren Ende von Mund und Nase abwärts.

- **Im unteren Bereich** des Halses, aus der Rachenhöhle, zweigt die Speiseröhre ab, durch die Nahrung in den Magen gelangt, und die Luftröhre, durch die Luft in die Lungen gelangt.

- **Die Epiglottis** (Kehldeckel) verschließt den Kehlkopfeingang und verhindert so, dass beim Schlucken dort Nahrung eindringt.

- **Die Rachenmandeln** sind Ansammlungen von Lymphknoten (siehe Lymphsystem), die vor allem bei kleinen Kindern anschwellen, um bei der Bekämpfung von Infektionen im Hals-Nasen-Ohren-Bereich mitzuwirken.

- **Die Polypen** liegen hinten in der Nase, die Mandeln ganz hinten im Rachen, im oberen Halsbereich.

- **Wenn Mandeln** oder Polypen zu oft anschwellen, müssen sie eventuell entfernt werden.

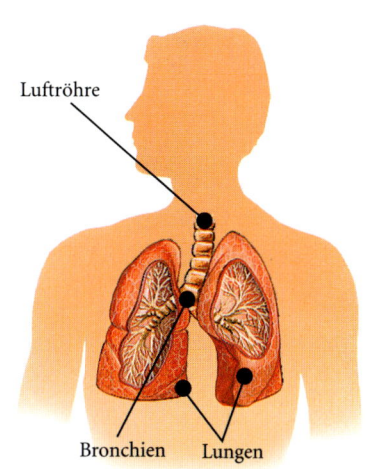

▲ *Zu den unteren Luftwegen gehören der Kehlkopf, die Luftröhre (Trachea) und die Bronchien, die sich in den Lungen verzweigen.*

Luftröhre

Bronchien   Lungen

51

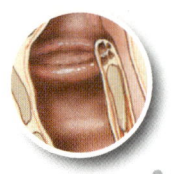

Stimmbänder

- **Zum Sprechen** und Singen braucht man den Kehlkopf (siehe Atemwege).

- **Im Kehlkopf** befinden sich Bänder aus dehnbarem Fasergewebe, die Stimmbänder.

- **Schweigt man**, sind die Stimmbänder entspannt. Zwischen ihnen ist reichlich Platz, durch den die Atemluft strömen kann.

- **Beim Sprechen** oder Singen verengt sich die Lücke. Die Stimmbänder beginnen zu vibrieren und ein Ton entsteht.

- **Je stärker** die Stimmbänder gespannt sind, desto höher wird der Ton.

▶ *Die Stimmbänder sind weiche Klappen im Kehlkopf, der hinten im Hals liegt. Die Zeichnung zeigt, wie sie sich öffnen und schließen, um Töne zu bilden.*

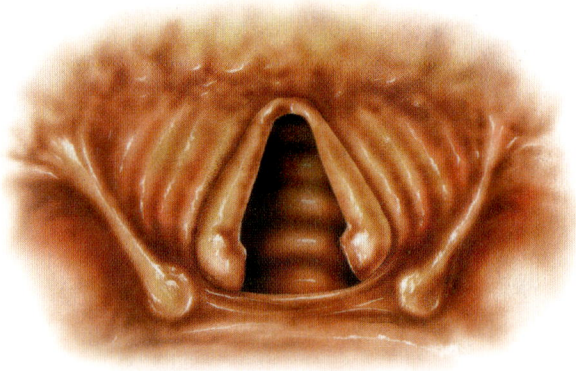

Sind die Stimmbänder (auch Stimmlippen genannt) geöffnet, entsteht kein Ton, weil die Luft ungehindert durchströmen kann.

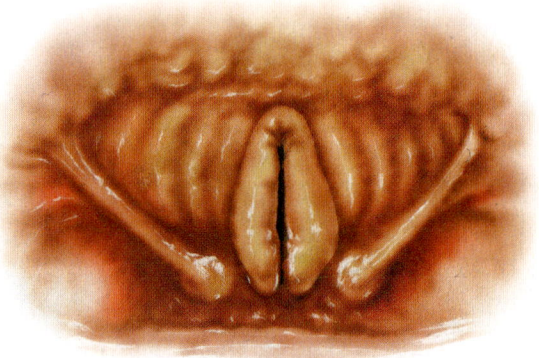

Werden die Stimmbänder von winzigen Muskeln gestrafft, wird die Luft durch einen engen Spalt gepresst. Dadurch vibrieren die Stimmbänder und erzeugen einen Ton.

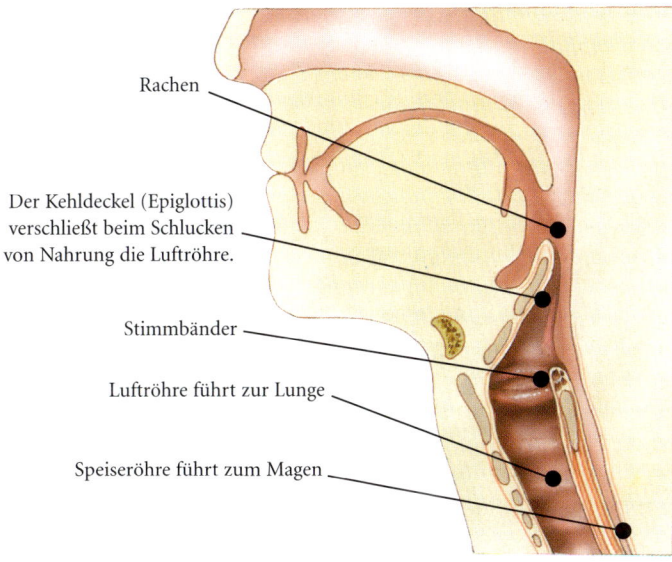

Rachen

Der Kehldeckel (Epiglottis) verschließt beim Schlucken von Nahrung die Luftröhre.

Stimmbänder

Luftröhre führt zur Lunge

Speiseröhre führt zum Magen

◀ *Die Zeichnung zeigt einen Querschnitt durch Mund, Nase und Rachen. Die Stimmbänder liegen im oberen Bereich der Luftröhre.*

- **Die Stimmbänder** können nur „Laut geben". Erst durch verschiedene Bewegungen von Mund, Lippen und vor allem Zunge werden aus diesem einfachen Ton verschiedene Sprachlaute und Wörter gebildet.

- **Babys** haben nur 6 mm lange Stimmbänder.

- **Frauen** haben etwa 20 mm lange Stimmbänder.

- **Männer** haben etwa 30 mm lange Stimmbänder. Weil die Stimmbänder von Männern länger sind, vibrieren sie langsamer und erzeugen tiefere Töne.

- **Jungen und Mädchen** haben bis zum Teenageralter etwa gleich lange Stimmbänder. Dann wachsen die Stimmbänder der Jungen, die Stimme verändert sich und wird tiefer (Stimmbruch).

- **Beim Flüstern** vibrieren die Stimmbänder nicht.

53

Die Lunge

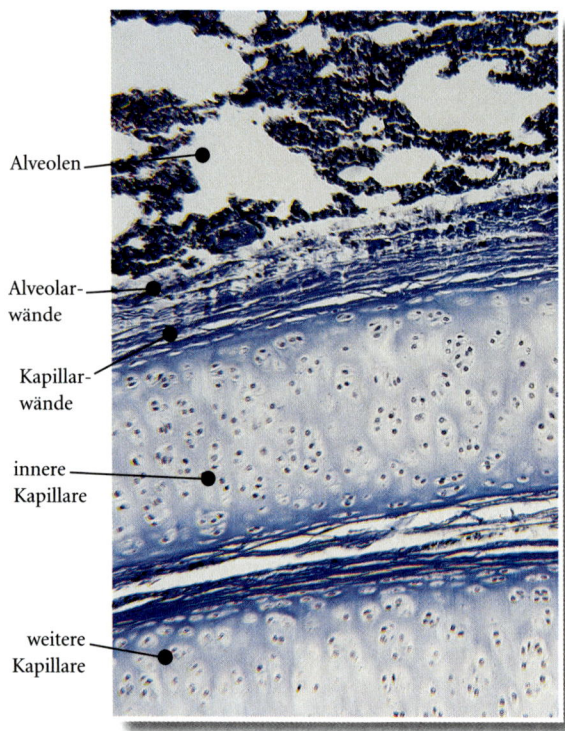

Alveolen

Alveolar-
wände

Kapillar-
wände

innere
Kapillare

weitere
Kapillare

▲ *Der Querschnitt durch das Lungengewebe unter einem starken Mikroskop. Man kann ein Blutgefäß und die Lungenbläschen erkennen.*

- **Die Lunge** besteht aus zwei weichen, schwammigen „Beuteln" im Brustkorb.

- **Beim Einatmen** dringt Luft durch Nase oder Mund und die Luftröhre in Millionen winziger, verzweigter Atemwege in den Lungen ein.

- **Die beiden größten Atemwege** nennt man Bronchien (Einzahl Bronchus). Sie verzweigen sich zu kleineren Atemwegen, die man Bronchiolen nennt.

- **Die Atemwege** sind mit einer Schleimschicht ausgekleidet. Bei einer Erkältung wird die Schicht dicker, um die Lungen zu schützen.

- **Am Ende jeder Bronchiole** befinden sich Gruppen winziger Luftbläschen, die man auch Alveolen nennt.

- **Die Alveolen** sind von feinen Blutgefäßen umgeben. Die Wände der Alveolen bestehen aus nur einer Zellschicht – sie sind so dünn, dass Sauerstoff hinein- und Kohlendioxid hinausgelangen kann.

- **In der Lunge** gibt es etwa 300 Millionen Alveolen.

- **Weil die Alveolen** so eine große Oberfläche haben, kann viel Sauerstoff ins Blut gelangen. Ebenso große Mengen Kohlendioxid können hinausbefördert und beim Ausatmen abtransportiert werden.

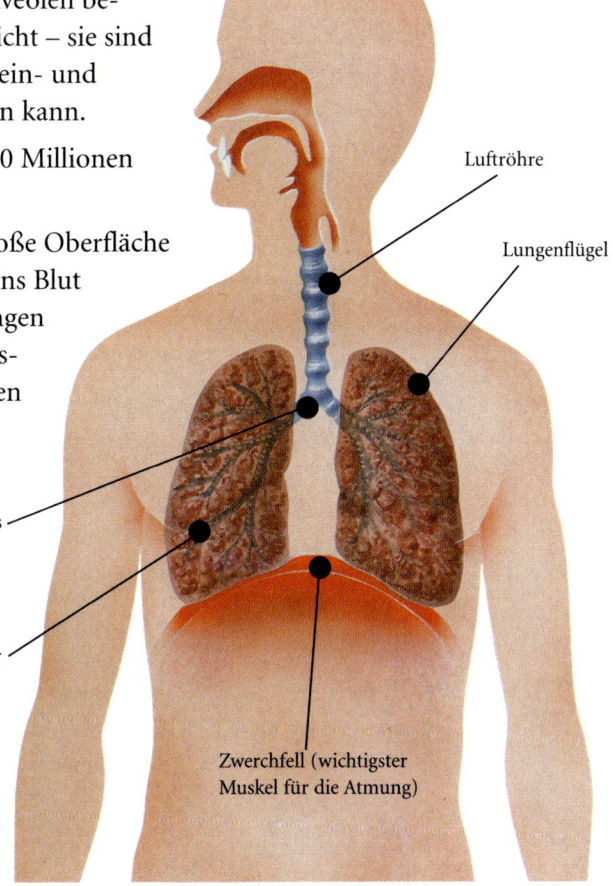

Luftröhre

Lungenflügel

Hauptbronchus

Verzweigung der Bronchien

Zwerchfell (wichtigster Muskel für die Atmung)

▶ *Dieser Querschnitt zeigt, dass die Lungen den meisten Raum im Brustkorb einnehmen. Sie gehören zu den lebenswichtigsten Organen.*

Der Blutkreislauf

- **Der Blutkreislauf** ist ein Netzwerk aus Röhren (Blutgefäße), die das Blut vom Herzen zu allen Körperzellen und wieder zurück zum Herzen befördern.

- **Der Blutkreislauf** wurde 1628 von dem englischen Arzt William Harvey (1578–1657) entdeckt.

- **Jede der 600 Milliarden Zellen** wird ständig mit frischem Blut versorgt, obwohl der Blutstrom pulsiert.

- **Die Blutgefäße**, die vom Herzen wegführen, nennt man Arterien. Die Blutgefäße, die für den Rückweg zum Herzen benutzt werden, nennt man Venen.

- **Das Blut** fließt durch die Arterien und Venen bis zu winzigen, haarfeinen Gefäßen: den Kapillaren.

- **Der Blutkreislauf** besteht aus dem Lungen- und dem Körperkreislauf.

- **Der Lungenkreislauf** ist der kürzere, in dem das Blut mit geringem Sauerstoffgehalt von der rechten Seite des Herzens zur Lunge befördert wird. Dort wird das Blut neu mit Sauerstoff angereichert und dann zur linken Seite des Herzens transportiert.

- **Der Körperkreislauf** befördert das sauerstoffreiche Blut von der linken Herzseite in den ganzen Körper. Das sauerstoffarme Blut wird dann zur rechten Seite des Herzens zurück transportiert.

- **In den roten Blutzellen** (siehe Blutkörperchen) ist Hämoglobin enthalten. Dieser Stoff ist für den Sauerstofftransport zuständig.

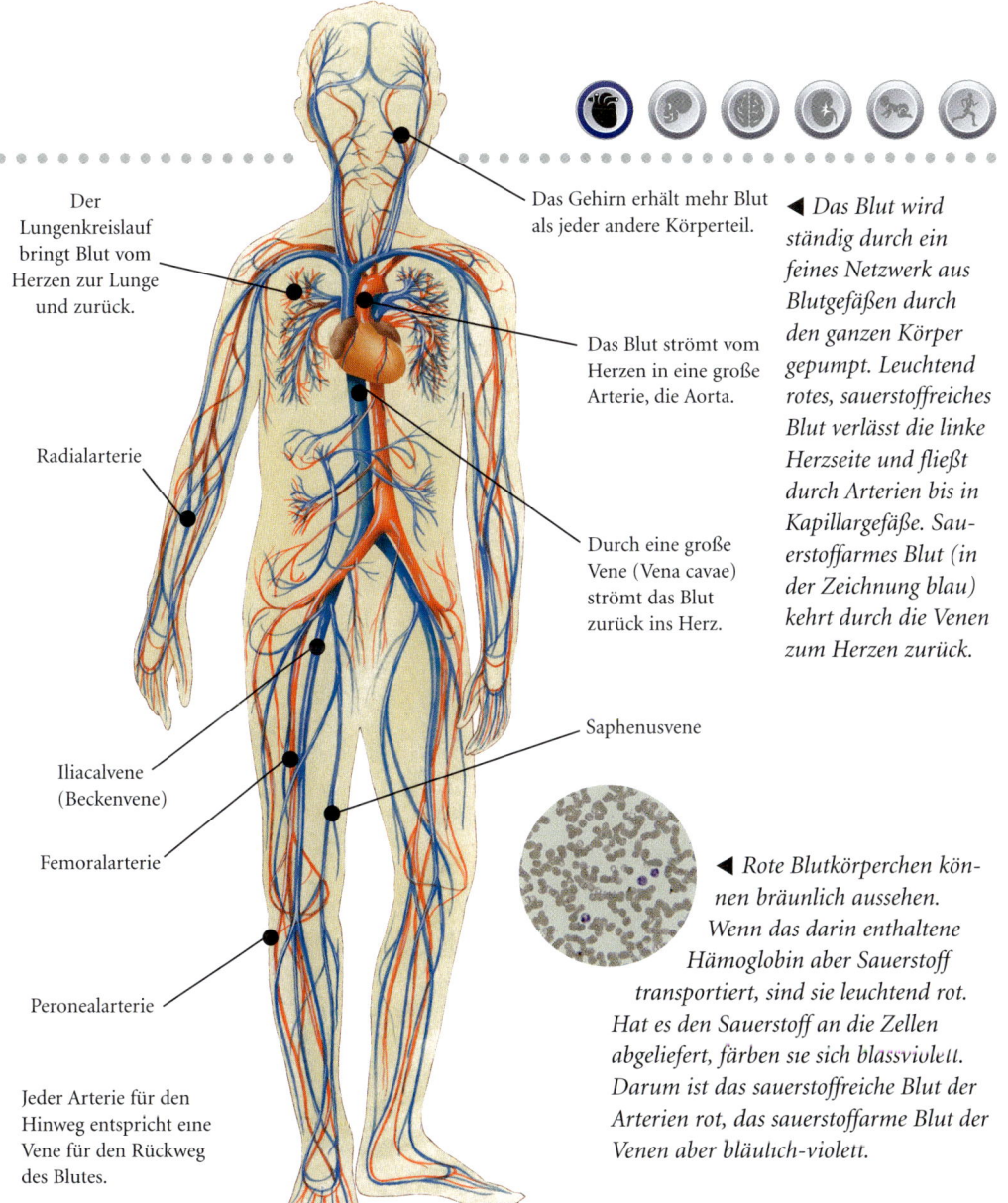

Der Lungenkreislauf bringt Blut vom Herzen zur Lunge und zurück.

Das Gehirn erhält mehr Blut als jeder andere Körperteil.

Das Blut strömt vom Herzen in eine große Arterie, die Aorta.

Radialarterie

Durch eine große Vene (Vena cavae) strömt das Blut zurück ins Herz.

Iliacalvene (Beckenvene)

Femoralarterie

Saphenusvene

Peronealarterie

Jeder Arterie für den Hinweg entspricht eine Vene für den Rückweg des Blutes.

◄ *Das Blut wird ständig durch ein feines Netzwerk aus Blutgefäßen durch den ganzen Körper gepumpt. Leuchtend rotes, sauerstoffreiches Blut verlässt die linke Herzseite und fließt durch Arterien bis in Kapillargefäße. Sauerstoffarmes Blut (in der Zeichnung blau) kehrt durch die Venen zum Herzen zurück.*

◄ *Rote Blutkörperchen können bräunlich aussehen. Wenn das darin enthaltene Hämoglobin aber Sauerstoff transportiert, sind sie leuchtend rot. Hat es den Sauerstoff an die Zellen abgeliefert, färben sie sich blassviolett. Darum ist das sauerstoffreiche Blut der Arterien rot, das sauerstoffarme Blut der Venen aber bläulich-violett.*

Arterien

▶ *Die Zeichnung zeigt, wie die wichtigsten Blutgefäße miteinander verbunden sind. Die Arterie (rot) verzweigt sich bis zu feinen Kapillaren, die sich wieder verbinden und schließlich in die Venen münden.*

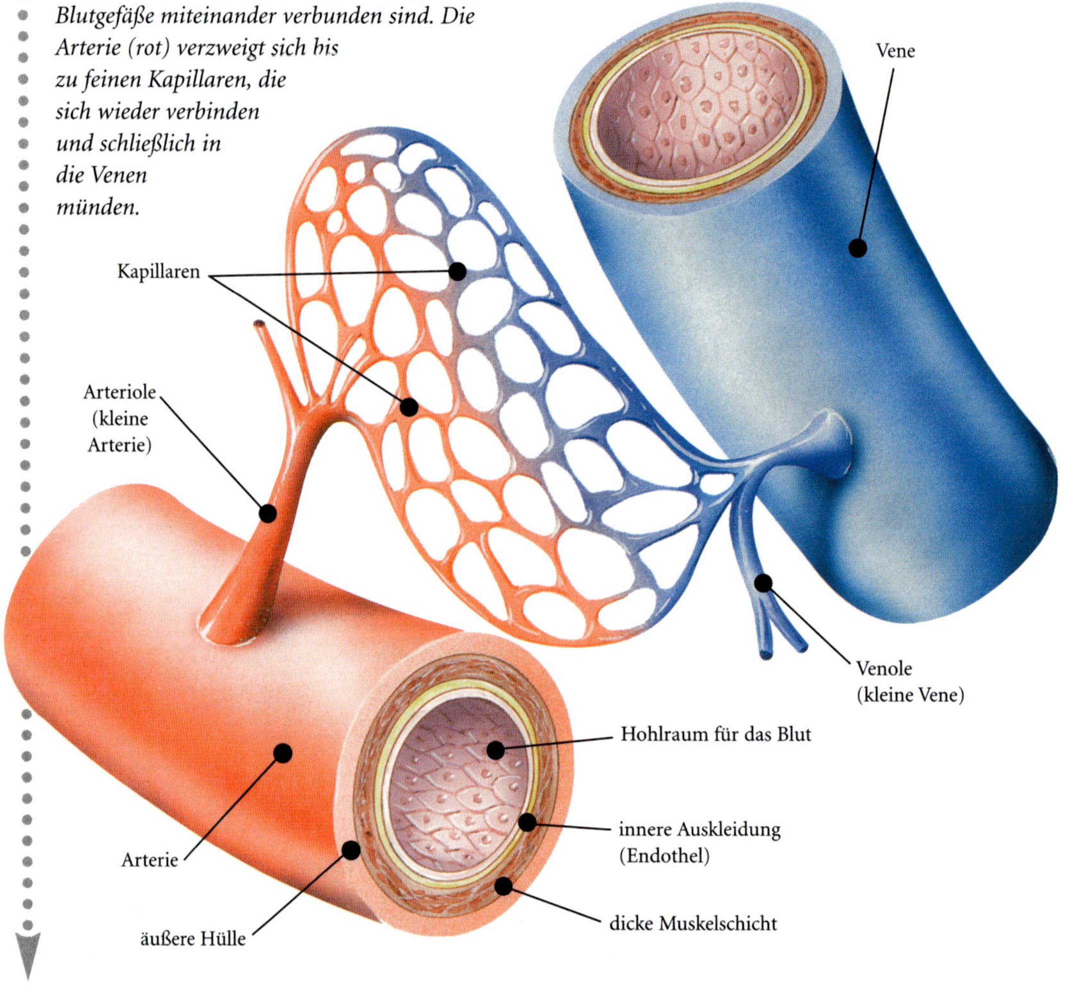

Kapillaren

Arteriole (kleine Arterie)

Arterie

äußere Hülle

Vene

Venole (kleine Vene)

Hohlraum für das Blut

innere Auskleidung (Endothel)

dicke Muskelschicht

- **Eine Arterie** ist ein röhrenförmiges Blutgefäß, durch das Blut vom Herzen wegströmt.

- **Die Körperarterien** befördern das sauerstoffreiche Blut zu allen Körperteilen. Die Lungenarterien bringen sauerstoffarmes Blut zu den Lungen.

- **Eine Arteriole** ist das kleinste arterielle Gefäß. Die Arteriolen verzweigen sich zu feinen Kapillaren.

- **In den Hauptarterien** fließt das Blut 30 cm pro Sekunde schnell. In den Arteriolen verlangsamt es sich auf 2 cm oder weniger.

- **Die Arterien** liegen meist gleich neben den Venen, die das Blut zum Herzen zurückbefördern.

- **Die Wände der Arterien** enthalten Muskeln, die sich zusammenziehen und entspannen können, um den Blutstrom zu regulieren.

- **Arterien** haben eine dickere Muskelwand als Venen, und auch der Blutdruck ist in Arterien wesentlich höher.

- **Wenn die Arterienwände** zu dick werden, kann Bluthochdruck die Folge sein.

- **Bei alten Menschen** können die Arterienwände hart werden. Diese Verhärtung, Arteriosklerose genannt, kann die Blutversorgung des Gehirns verschlechtern.

> **...FASZINIEREND!...**
> In den Arterien fließt Blut schnell und pulsierend. Durch die Venen strömt es langsamer.

Kapillargefäße

- **Kapillaren** sind die feinsten Blutgefäße. Man kann sie nur unter dem Mikroskop sehen. Sie verbinden die Arteriolen mit den Venulen.

- **Marcello Malphigi** entdeckte die Kapillaren 1661.

- **Im menschlichen Körper** gibt es 10 Milliarden Kapillaren.

- **Die größten Kapillaren** sind nur 0,2 mm dick – dünner als ein Haar.

- **Jede Kapillare** ist 0,5–1 mm lang.

- **Die Kapillarwände** bestehen aus nur einer Zellschicht. So können Chemikalien sie durchdringen.

▲ *Wenn ein Sportler sich anstrengt, produzieren die Muskeln viel Hitze. Um die Hitze abzuleiten, öffnet der Körper die Kapillaren unter der Haut. Dadurch sieht die Haut dann rot aus.*

... **FASZINIEREND!** ...
Eine Kapillare ist so eng, dass die roten Blutkörperchen nur nacheinander durchpassen.

- **Durch die Kapillarwände** werden Sauerstoff, Nährstoffe und Abfallstoffe in die Zellen hinein- und auch wieder aus ihnen hinaustransportiert.

- **In aktivem Gewebe** wie Muskeln, Leber und Nieren gibt es viel mehr Kapillaren als in Bändern und Sehnen.

- **Die Kapillaren** befördern – je nach Bedarf – mehr oder weniger Blut. Ist es warm, bringen sie viel Blut unter die Hautoberfläche, wo es abkühlt. Ist es kalt, befördern sie nur wenig Blut dorthin, damit der Körper wenig Wärme verliert.

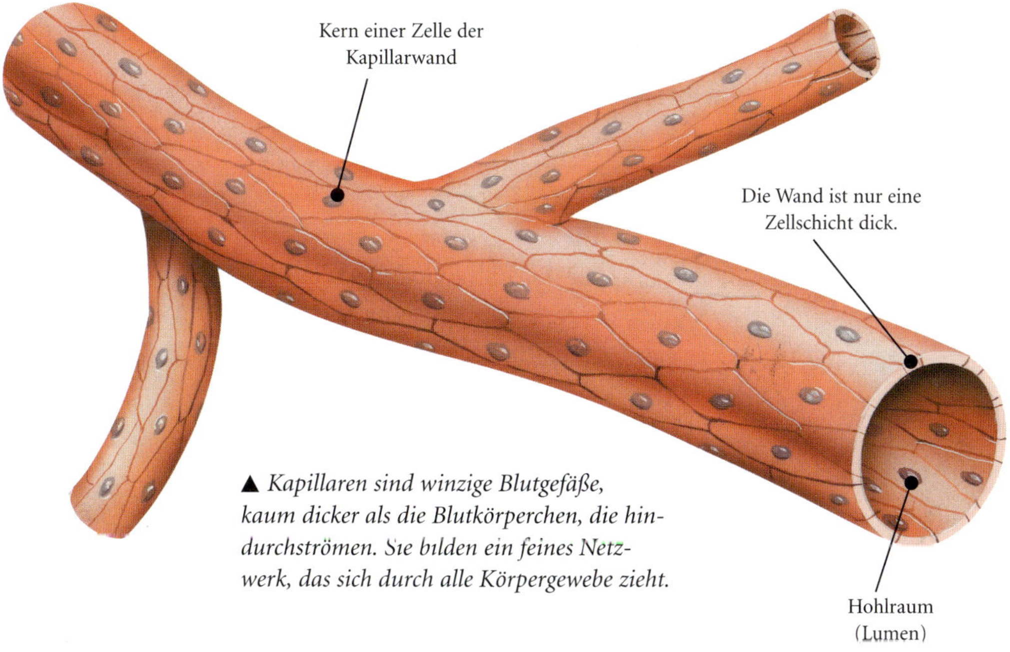

Kern einer Zelle der Kapillarwand

Die Wand ist nur eine Zellschicht dick.

▲ *Kapillaren sind winzige Blutgefäße, kaum dicker als die Blutkörperchen, die hindurchströmen. Sie bilden ein feines Netzwerk, das sich durch alle Körpergewebe zieht.*

Hohlraum (Lumen)

61

Venen

- **Venen** sind die Blutgefäße, die das Blut zurück zum Herzen transportieren.

- **Im Gegensatz** zu Arterien bringen die meisten Venen „gebrauchtes" Blut zum Herzen zurück. Die Körperzellen haben den Sauerstoff aufgenommen, das Blut ist jetzt sauerstoffarm.

- **Sauerstoffarmes Blut** hat eine bläulich-violette Farbe. Das sauerstoffreiche Blut der Arterien dagegen ist leuchtend rot.

- **Die einzigen Venen**, die sauerstoffreiches Blut transportieren, sind die Lungen-venen. Sie bringen das Blut von den Lungen zum Herzen.

- **Die beiden größten Venen** des Körpers sind die Vena cavae, die von oben und unten direkt ins Herz münden.

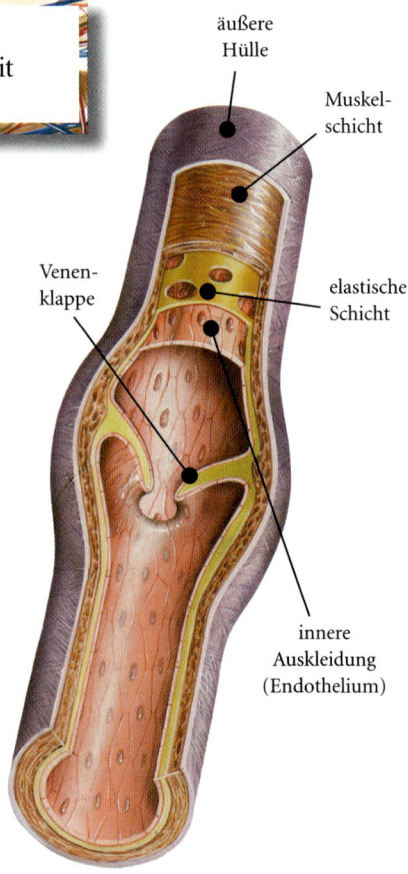

äußere
Hülle

Muskel-
schicht

Venen-
klappe

elastische
Schicht

innere
Auskleidung
(Endothelium)

▲ *Dies ist ein vergrößerter Schnitt durch eine kleine Vene. Die Venenklappe verhindert, dass das Blut in die falsche Richtung fließt.*

62

- **Im Inneren** der meisten Venen befinden sich Klappen, die dafür sorgen, dass das Blut nicht zurückfließt.

- **Das Blut** in den Venen wird zwar vom Herzen gepumpt, aber der Blutdruck ist viel geringer als in den Arterien. Darum müssen die Wände der Venen nicht so kräftig sein.

- **Im Gegensatz** zu Arterien fallen Venen zusammen, wenn sie leer sind.

- **Die Muskeln** in den Venenwänden erzeugen Druck, der dabei hilft, das Blut vorwärts zu pumpen.

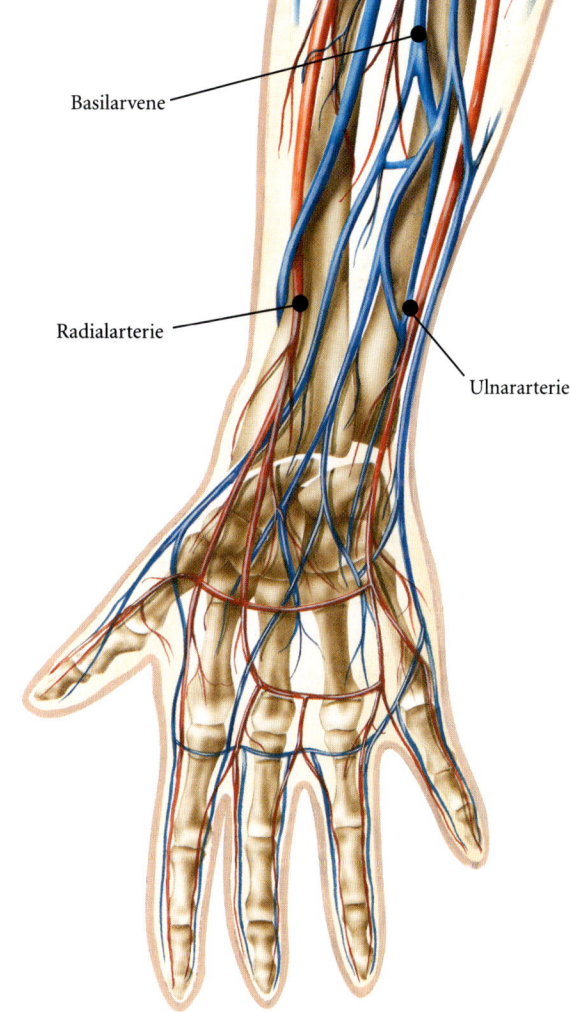

Basilarvene

Radialarterie

Ulnararterie

▶ *Die Zeichnung des Unterarms zeigt die wichtigsten Venen (blau) und Arterien (rot).*

Das Herz

- **Das Herz** ist etwa so groß wie eine Faust. Es liegt in der Mitte des Brustkorbs, leicht nach links verschoben.

- **Das Herz** ist eine kräftige Pumpe, die fast nur aus Muskeln besteht.

- **Das Herz** zieht sich automatisch etwa 70-mal in der Minute zusammen und entspannt sich wieder, um das Blut durch die Arterien zu pumpen.

- **Das Herz** hat zwei Kammern, die durch eine Scheidewand (das Septum) getrennt sind.

- **Die rechte Seite des Herzens** ist kleiner und schwächer. Sie pumpt das Blut nur bis zur Lunge.

- **Die kräftigere linke Seite** pumpt das Blut durch den ganzen Körper.

- **Jede Seite des Herzens** hat zwei Kammern. Im oben liegenden Vorhof oder Atrium sammelt sich das Blut aus den Venen. Darunter liegt der Ventrikel, der sich zusammenzieht, um das Blut in die Arterien zu pumpen.

- **Mit jedem Herzschlag** werden etwa 70 ml Blut auf den Weg geschickt.

- **Auf jeder Seite des Herzens** sorgen zwei Klappen dafür, dass das Blut nur in eine Richtung fließen kann. Eine große Klappe liegt zwischen Atrium und Ventrikel, eine kleinere am Ausgang des Ventrikels zur Arterie.

- **Die Herzkranzgefäße** versorgen das Herz selbst. Wenn sie verstopft sind, kann das Herz zu wenig Blut bekommen und aufhören zu schlagen, etwa bei einem Herzanfall.

> **...FASZINIEREND!...**
> Während eines durchschnittlichen Menschenlebens pumpt das Herz etwa 200 Millionen Liter Blut.

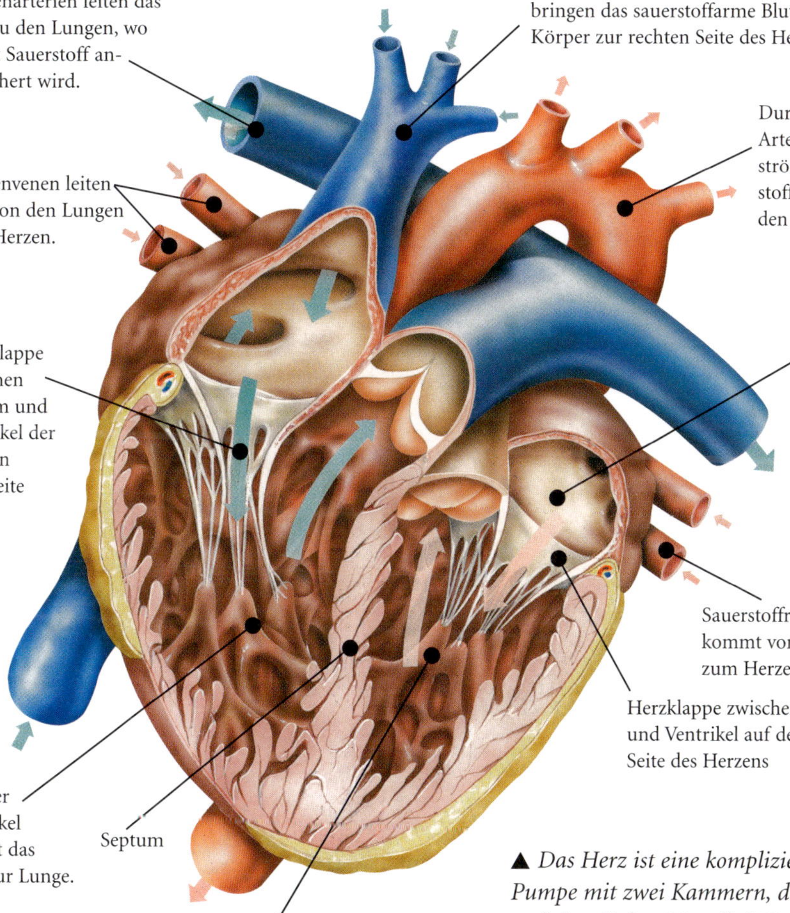

Lungenarterien leiten das Blut zu den Lungen, wo es mit Sauerstoff angereichert wird.

Zwei große Venen, Venae cavae genannt, bringen das sauerstoffarme Blut aus dem Körper zur rechten Seite des Herzens.

Durch eine große Arterie, die Aorta, strömt das sauerstoffreiche Blut in den Körper.

Lungenvenen leiten Blut von den Lungen zum Herzen.

Herzklappe zwischen Atrium und Ventrikel der rechten Herzseite

Sauerstoffreiches Blut aus den Lungen gelangt in den Vorhof.

Sauerstoffreiches Blut kommt von den Lungen zum Herzen.

Herzklappe zwischen Vorhof und Ventrikel auf der linken Seite des Herzens

Rechter Ventrikel pumpt das Blut zur Lunge.

Septum

Aus dem linken Ventrikel wird das Blut durch die Aorta in den Körper gepumpt.

▲ *Das Herz ist eine komplizierte doppelte Pumpe mit zwei Kammern, dem rechten und dem linken Ventrikel. Es zieht sich automatisch zusammen, um das Blut aus den Kammern in die Arterien zu pumpen.*

65

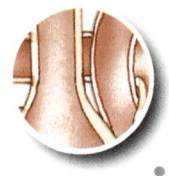

Der Herzschlag

- **Der Herz„schlag"** bezeichnet das regelmäßige Zusammenziehen des Herzens, wenn es Blut durch den Körper pumpt.

- **Die Herzklappen** sorgen dafür, dass das Blut nur in eine Richtung strömen kann.

- **Der Herzschlag** besteht aus zwei Phasen, die sich ständig wiederholen: Systole und Diastole.

- **Die Systole** ist das Zusammenziehen (Kontraktion) des Herzens. Die Diastole ist die Ruhepause zwischen zwei Kontraktionen.

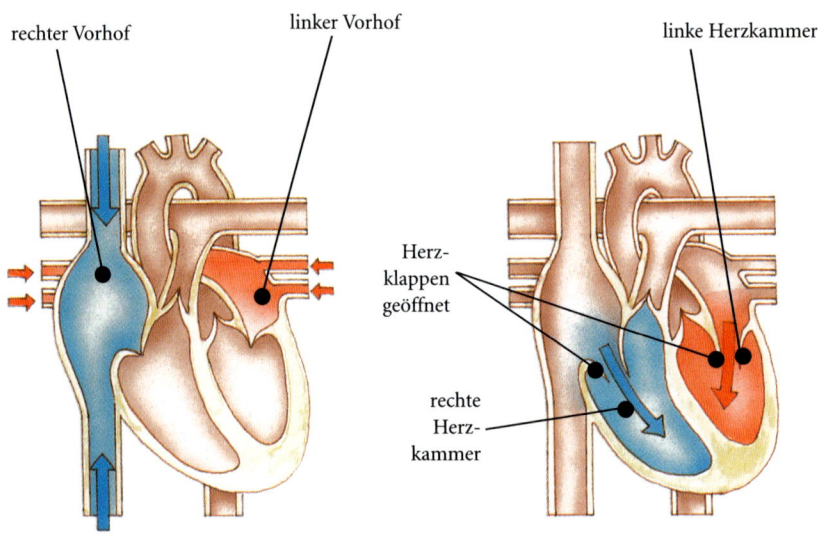

rechter Vorhof

linker Vorhof

linke Herzkammer

Herz-
klappen
geöffnet

rechte
Herz-
kammer

▲ Blut strömt in die entspannten Atrien.

▲ Die Kontraktion drückt das Blut in die Ventrikeln.

- **Die Systole** beginnt, wenn eine Welle von Muskelkontraktionen das Blut durch das Herz presst – von den Vorhöfen (Atrien) in die beiden Ventrikeln.

- **Erreicht die Kontraktion** die Herzkammern, wird das Blut in die Arterien gedrückt.

- **Während der Diastole** entspannt sich das Herz. Die Vorhöfe füllen sich wieder mit Blut.

- **Das Zusammenziehen** und Entspannen des Herzmuskels geschieht automatisch.

- **Nervensignale** beschleunigen oder verlangsamen den Herzschlag.

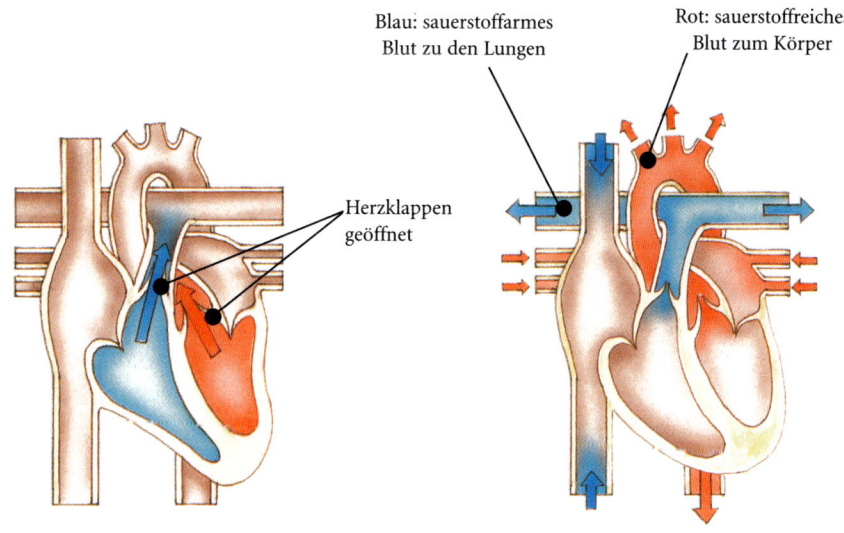

Blau: sauerstoffarmes
Blut zu den Lungen

Rot: sauerstoffreiches
Blut zum Körper

Herzklappen
geöffnet

▲ *Das Blut wird aus den Herz-kammern in die Arterien gepumpt.*

▲ *Das Blut sammelt sich wieder in den entspannten Vorhöfen.*

67

Der Puls

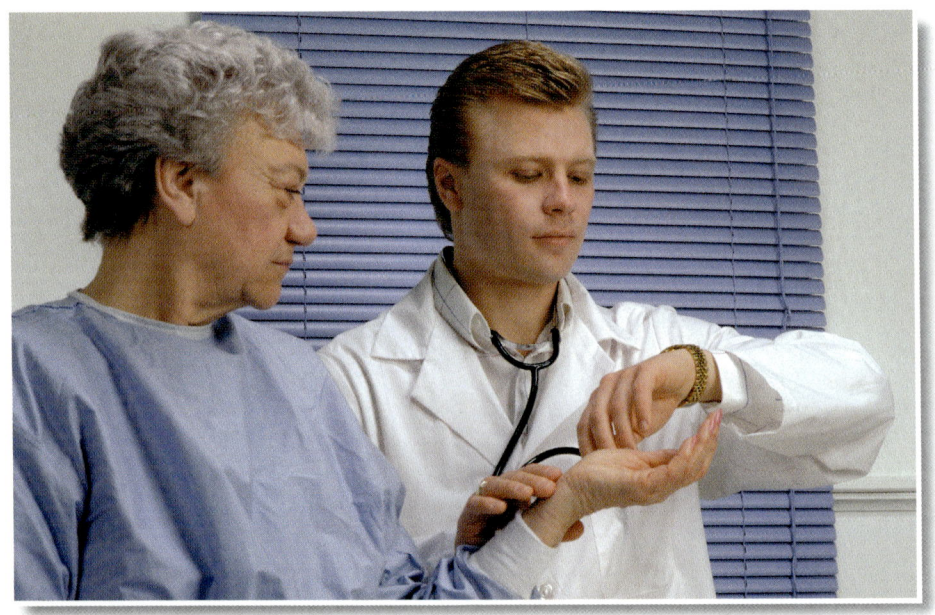

▲ *Ein Arzt misst den Puls: Er zählt die Anzahl der Herzschläge pro Minute.*

● **Der Puls** ist die kräftige Druckwelle, die das Blut in den Gefäßen erzeugt, wenn es durch die Kontraktionen des Herzens gepumpt wird.

● **Man kann den Puls** fühlen, wenn man zwei Fingerspitzen auf die Innenseite des Handgelenks legt, wo die Radialarterie dicht unter der Haut verläuft.

● **Auch an der Halsschlagader** (Karotis) und an der Oberarmschlagader (Brachialarterie) in der Ellenbeuge kann man den Puls deutlich spüren.

● **Ärzte messen** den Puls, weil er ein Hinweis auf den Gesundheitszustand eines Menschen sein kann.

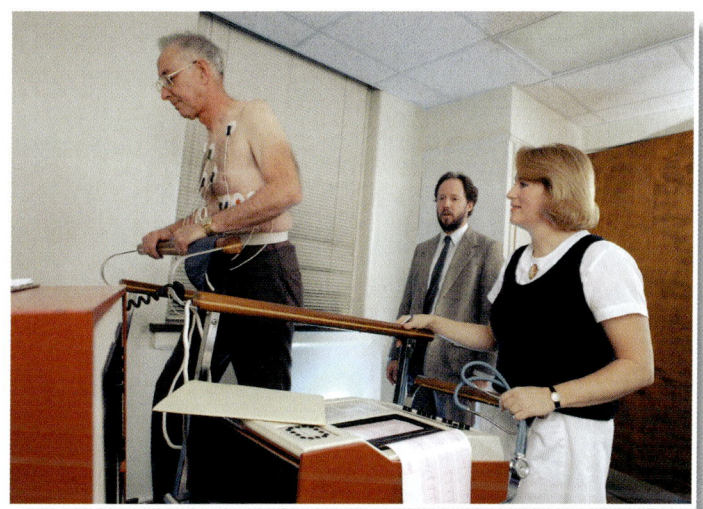

▶ *Ein Belastungs-EKG misst die Herztätigkeit bei Anstrengung. So lässt sich prüfen, wie gesund das Herz eines Patienten ist.*

- **Die normale Pulsfrequenz** liegt bei 50 bis 100 Schlägen pro Minute. Der Durchschnitt bei Männern ist 71, bei Frauen 80 und bei Kindern etwa 85.

- **Herzjagen** (Tachykardie) ist der medizinische Ausdruck für einen abnorm schnellen Puls.

- **Herzjagen** ohne körperliche Anstrengung kann durch viel Kaffee oder Tee, Drogen oder Medikamente, Angst, Fieber oder Herzkrankheiten ausgelöst werden.

- **Bradykardie** nennt man einen abnorm langsamen Puls (unter 60).

- **Arrythmie** nennt man einen unregelmäßigen Herzschlag.

- **Menschen mit Herzbeschwerden** werden an ein Elektrokardiogramm (EKG) angeschlossen, um ihre Herztätigkeit zu kontrollieren.

Das Blut

- **Blut** ist die rötliche Flüssigkeit, die im Körper zirkuliert. Es befördert Sauerstoff und Nährstoffe zu den Körperzellen und transportiert Kohlendioxid und andere Abfallstoffe ab. Es bekämpft Infektionen, hält den Körper warm und verteilt Chemikalien zur Steuerung von Körpervorgängen.

- **Blut** besteht aus roten und weißen Blutkörperchen, Blutplättchen und Plasma.

- **Plasma** besteht zu 90 % aus Wasser. Daneben enthält es Hunderte anderer Stoffe, darunter Nährstoffe, Hormone und spezielle Proteine zur Bekämpfung von Infektionen.

> ...FASZINIEREND!...
> An einer offenen Wunde färbt der Sauerstoff das Blut zunächst leuchtend rot.

- **Nach einer fetthaltigen Mahlzeit** wird das Blutplasma sofort milchig.

- **Die Blutplättchen** lassen bei einer Verletzung das Blut verklumpen. Das verschließt die Wunde und stoppt die Blutung.

◀ *In einer Zentrifuge werden die verschiedenen Bestandteile des Blutes getrennt. Durch die Drehbewegung des Gerätes trennen sich die schweren Blutkörperchen von dem leichten Plasma.*

- **Verkrustetes Blut** (Schorf) enthält ein faseriges Netzwerk aus dem Protein Fibrin.

- **Die Blutmenge** eines Menschen hängt von seiner Größe ab. Ein 80 kg schwerer Erwachsener hat etwa 5 Liter Blut. Ein Kind mit dem halben Gewicht hat etwa halb so viel Blut.

- **Ein Tropfen** Blut in der Größe eines i-Punktes enthält etwa 5 Millionen rote Blutkörperchen.

- **Wenn einem Blutspender** 0,5 Liter Blut abgenommen werden, wird das Plasma innerhalb weniger Stunden ersetzt. Es dauert jedoch einige Wochen, bis auch die roten Blutkörperchen ersetzt sind.

▶ *Blut sieht aus wie eine zähe, rote Flüssigkeit. In Wirklichkeit ist es aber eine klare Flüssigkeit, in der Millionen winziger Zellen schwimmen.*

71

Blutkörperchen

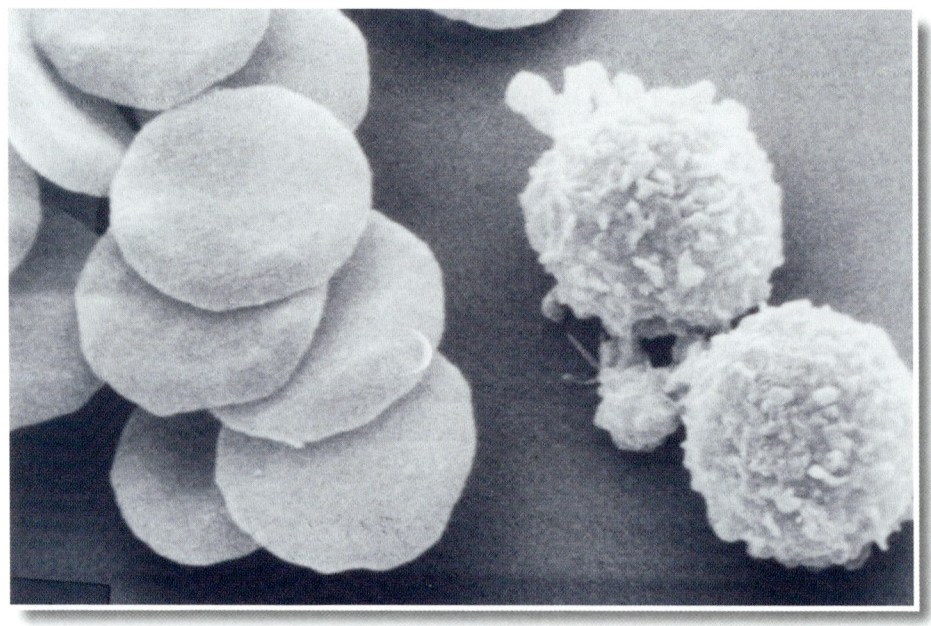

▲ *Das Foto zeigt rote (links) und weiße Blutkörperchen in starker Vergrößerung.*

- **Blut** enthält zwei Arten von Zellen – rote und weiße Blutkörperchen – sowie die Blutplättchen (siehe Blut).

- **Rote Blutkörperchen** sind flach und rund. Sie bestehen hauptsächlich aus einem roten Protein namens Hämoglobin.

- **Das Hämoglobin** ermöglicht es den roten Blutkörperchen, Sauerstoff durch den Körper zu transportieren.

- **Die roten Blutkörperchen** enthalten auch Enzyme, die der Körper für bestimmte Vorgänge benötigt (siehe Enzyme).

- **Die weißen Blutkörperchen** nennt man auch Leukozyten. Die meisten Arten dienen zur Bekämpfung von Infektionen.

- **Die meisten weißen Blutkörperchen** enthalten kleine weiße Körnchen. Diesen Typ nennt man Granulozyten.

- **Die meisten Granulozyten** sind große, weiße Zellen, die man Neutrophilen nennt. Sie fressen Eindringlinge einfach auf.

- **Eosinophile und basophile Lymphozyten** sind Granulozyten, die zur Bekämpfung von Krankheiten wichtig sind. Manche bilden Antikörper.

- **Lymphozyten** sind ebenfalls ein Typ weißer Blutkörperchen.

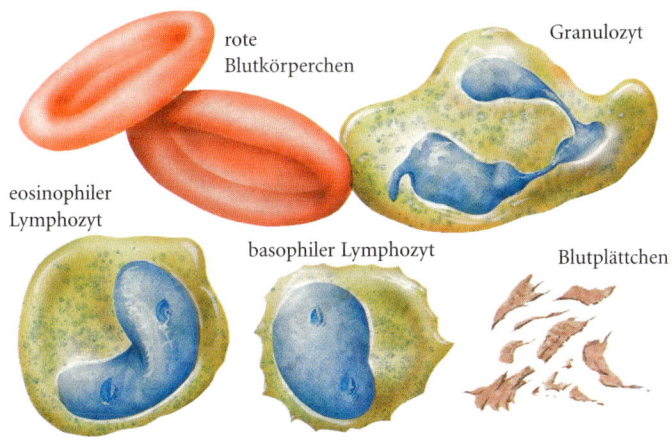

▲ *Das sind einige wichtige Zellen im Blut: rote Blutkörperchen, drei Arten weißer Blutkörperchen und Blutplättchen.*

. . . **FASZINIEREND!** . . .
Ein einziges rotes Blutkörperchen enthält mehr als 200 Millionen Hämoglobinmoleküle.

73

Blutgruppen

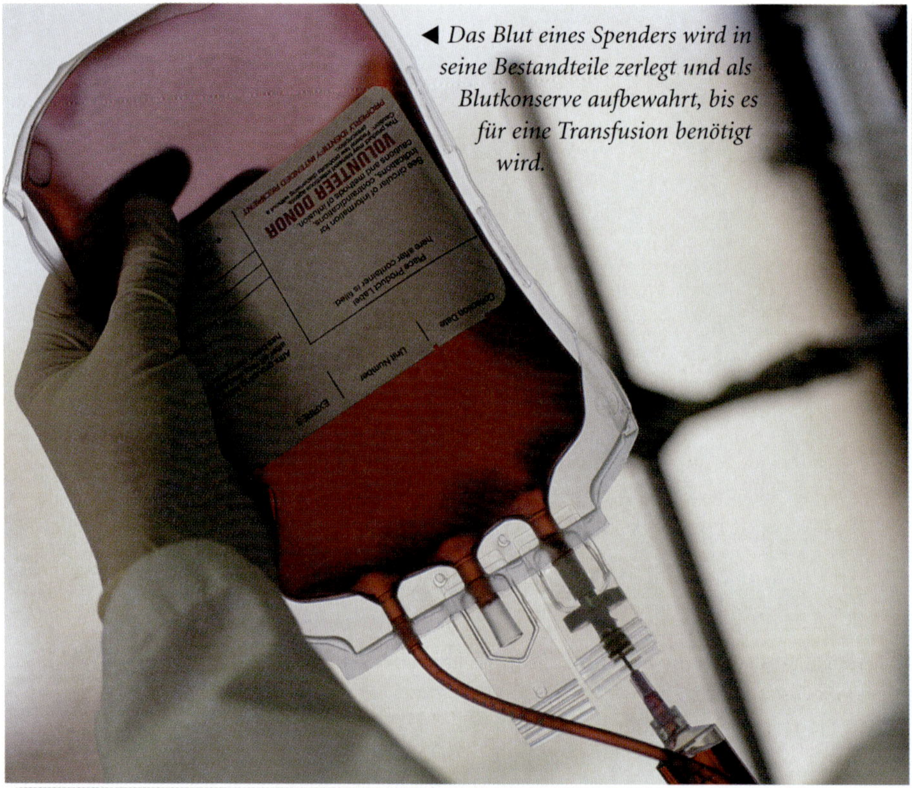

◄ *Das Blut eines Spenders wird in seine Bestandteile zerlegt und als Blutkonserve aufbewahrt, bis es für eine Transfusion benötigt wird.*

- **Das Blut** der meisten Menschen gehört den Blutgruppen A, 0, AB oder B an.

- **Blutgruppe 0** kommt am häufigsten vor, gefolgt von Gruppe A.

- **Außerdem ist Blut** entweder Rhesus-positiv (Rh-pos.) oder Rhesus-negativ (Rh-neg.).

> ...FASZINIEREND!...
> Eine Rhesus-negative Mutter, die ein Rhesus-positives Baby
> erwartet, kann Antikörper entwickeln, die das Kind schädigen.

- **Etwa 85 % aller Menschen** sind Rhesus-positiv, die übrigen 15 % sind Rhesus-negativ.

- **Eine genaue Bestimmung des Blutes** umfasst also zwei Begriffe, etwa A/Rh-pos. oder 0/Rh-neg.

- **Der Rhesusfaktor** wurde zuerst an Rhesusaffen entdeckt – daher hat er seinen Namen.

- **Bei einer Transfusion** erhält ein Patient Blut einer anderen Person. Dabei müssen Blutgruppe und Rhesusfaktor übereinstimmen.

- **Eine Transfusion** kann nötig sein, wenn ein Patient bei einem Unfall oder einer Operation viel Blut verloren hat.

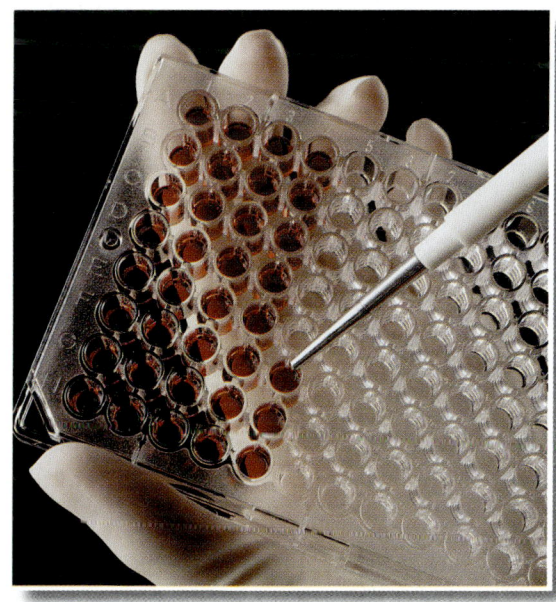

▶ *Spenderblut wird untersucht, um die Blutgruppe festzustellen. Falls bei einer Transfusion Blutgruppe und Rhesusfaktor beider Personen nicht übereinstimmen, kann das für den Patienten lebensgefährlich sein.*

75

Das Lymph-system

- **Das Lymphsystem** ist das „Abwasser-netz" des Körpers, das Abfallstoffe von den Zellen abtrans-portiert.

- **Die „Rohre"** des Lymphsystems nennt man Lymph-gefäße oder Lymphbahnen.

- **Die Lymphgefäße** sind mit einer wäss-rigen Flüssigkeit gefüllt, der Lymphe. Sie wird von Muskeln und anderen Geweben ausgeschieden und enthält auch Bakterien und Abfallstoffe.

- **Das Lymphsystem** hat keine Pumpe, die es zum Zirkulieren bringt. Sein Kreislauf ist eine Nebenerscheinung des Herz-schlags und der Muskelbewe-gungen.

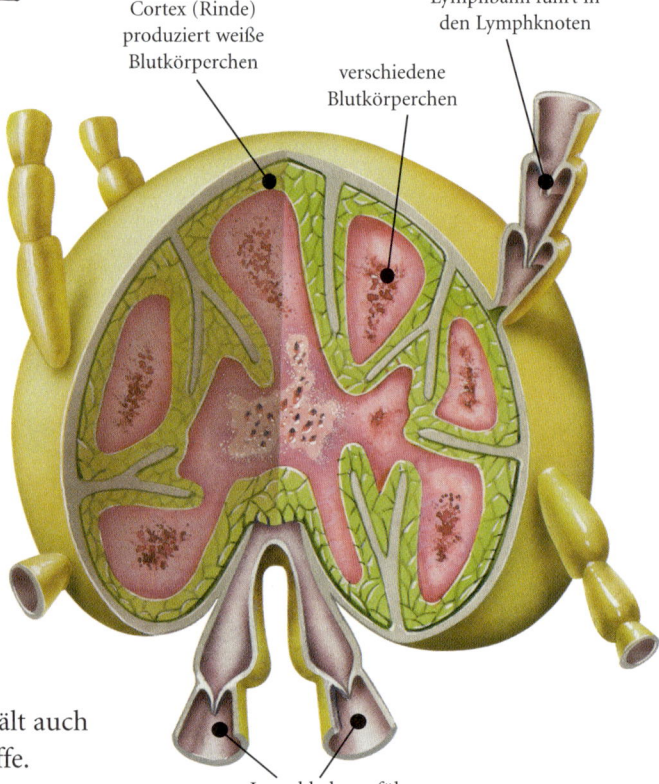

Cortex (Rinde) produziert weiße Blutkörperchen

Lymphbahn führt in den Lymphknoten

verschiedene Blutkörperchen

Lymphbahnen führen vom Lymphknoten weg

▲ *Dies ist ein Querschnitt durch einen Lymph-knoten. Hier werden weiße Blutkörperchen erzeugt und gelagert, um dann über die Lymph-bahnen in den Blutstrom zu gelangen.*

76

- **Überall im Lymphsystem** befinden sich kleine Lymphknoten. Wie Filter fangen sie Krankheitserreger ab.

- **In den Lymphknoten** zerstören Mengen bestimmter weißer Blutkörperchen (Lymphozyten) die Erreger oder machen sie unschädlich.

- **Bei Erkältung** oder einer anderen Infektion können die Lymphknoten am Hals, an der Leiste oder unter den Armen anschwellen, wenn sie mit dem Bekämpfen der Erreger beschäftigt sind.

- **Über die Hauptvene** (Vena cava) strömt die gereinigte Lymphflüssigkeit wieder ins Blut zurück.

- **Das Lymphsystem** besteht nicht nur aus den Lymphbahnen und -knoten. Dazu gehören auch die Milz, die Thymusdrüse, die Mandeln und Teile vom Dünndarm (siehe Immunsystem).

- **Durchschnittlich** 1–2 Liter Lymphflüssigkeit sind ständig in den Lymphbahnen und den Körpergeweben in Bewegung.

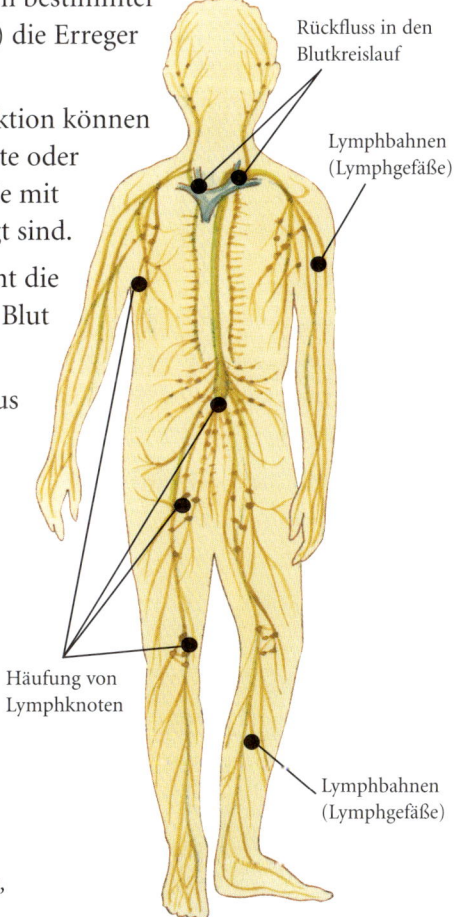

Rückfluss in den Blutkreislauf

Lymphbahnen (Lymphgefäße)

Häufung von Lymphknoten

Lymphbahnen (Lymphgefäße)

▶ *Das Lymphsystem ist ein verzweigtes Netzwerk aus feinen Röhren, das den ganzen Körper durchzieht. Es mündet in die größte Vene, die Vena cava, die zum Herzen führt.*

Die Verdauung

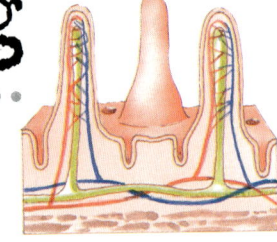

▲ *An der Innenwand des Dünndarms befinden sich viele kleine, fingerartige Vorsprünge, die man Zotten nennt. Über die Oberfläche der Zotten werden Nährstoffe aufgenommen.*

- **Verdauung** nennt man den Vorgang, bei dem der Körper Speisen in Stoffe umwandelt, die er aufnehmen und verwerten kann.

- **Der Verdauungstrakt** ist im Grunde eine lange, gewundene Röhre zwischen Mund und Anus.

- **Die Gesamtlänge des Darms** entspricht etwa der sechsfachen Körpergröße.

- **Nahrung** wird zuerst im Mund grob zerkaut und mit Speichel zu Brei vermischt.

- **Beim Schlucken** rutscht der Nahrungsbrei durch die Speiseröhre in den Magen. Der Magen ist eine Art Beutel mit muskulösen Wänden, der die Nahrung weiter zermalmt. Dabei helfen die Chemikalien, die in den Magensäften enthalten sind.

- **Ein leerer Magen** fasst etwa 0,5 Liter. Nach einer üppigen Mahlzeit kann er sich auf 4 Liter ausdehnen.

- **Die halb verdaute Nahrung** gelangt dann aus dem Magen in den Dünndarm.

- **Der Dünndarm** ist 6 Meter lang. Hier wird die Nahrung in Moleküle aufgespalten. Diese sind so klein, dass sie durch die Darmwand ins Blut gelangen.

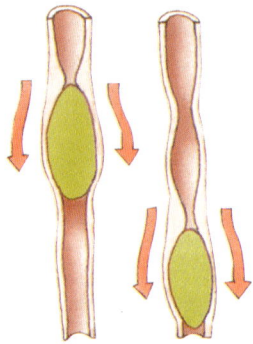

▲ *Durch regelmäßiges, rhythmisches Zusammenziehen der Muskeln in der Darmwand wird die Nahrung weitertransportiert. Diese Mukelbewegung nennt man Peristaltik.*

> ...FASZINIEREND!...
> Für den Weg vom Mund bis zum „Ausgang"
> braucht Nahrung durchschnittlich 24 Stunden.

● **Was im Dünndarm** nicht verdaut wurde, wird in den Dickdarm transportiert. Diese Speisereste scheidet man auf der Toilette durch den Anus aus (siehe Ausscheidung).

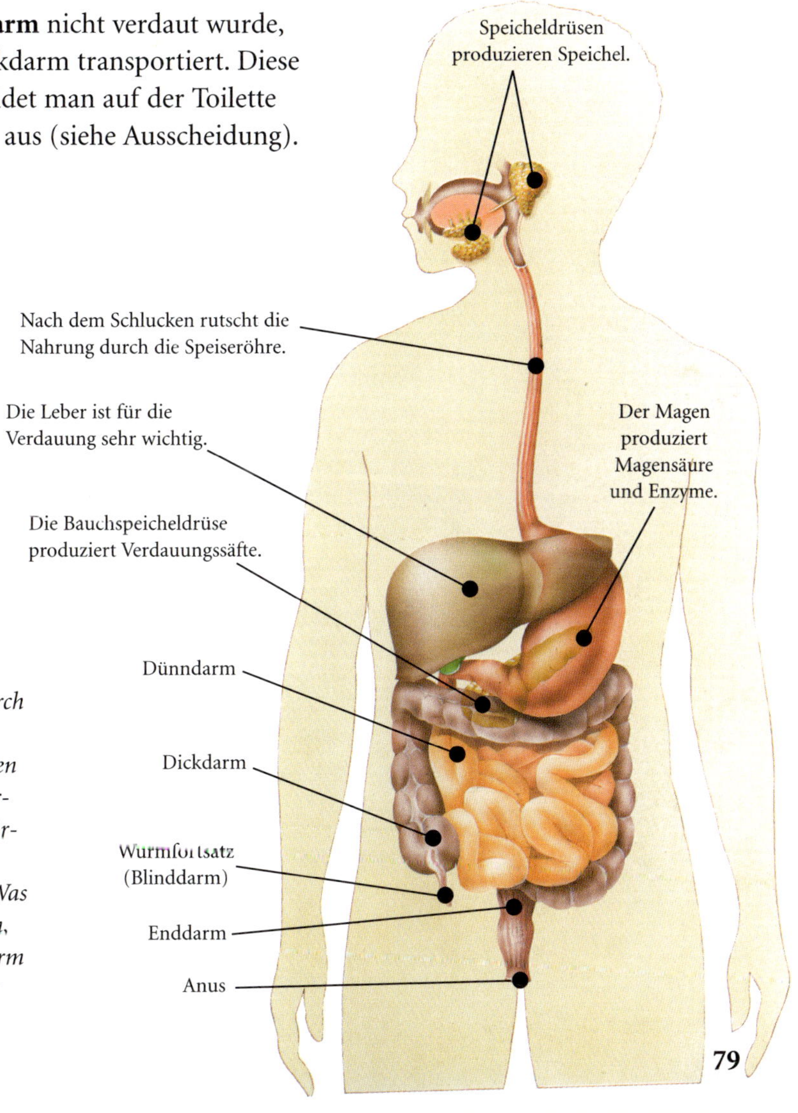

Speicheldrüsen produzieren Speichel.

Nach dem Schlucken rutscht die Nahrung durch die Speiseröhre.

Die Leber ist für die Verdauung sehr wichtig.

Der Magen produziert Magensäure und Enzyme.

Die Bauchspeicheldrüse produziert Verdauungssäfte.

Dünndarm

Dickdarm

▶ *Speisen gelangen durch die Speiseröhre in den Magen und weiter in den Dünndarm. Bei der Verdauung entzieht der Körper dem Speisebrei alle Stoffe, die er benötigt. Was er nicht verwerten kann, wird durch den Dickdarm zum Anus transportiert und ausgeschieden.*

Wurmfortsatz (Blinddarm)

Enddarm

Anus

79

Zähne

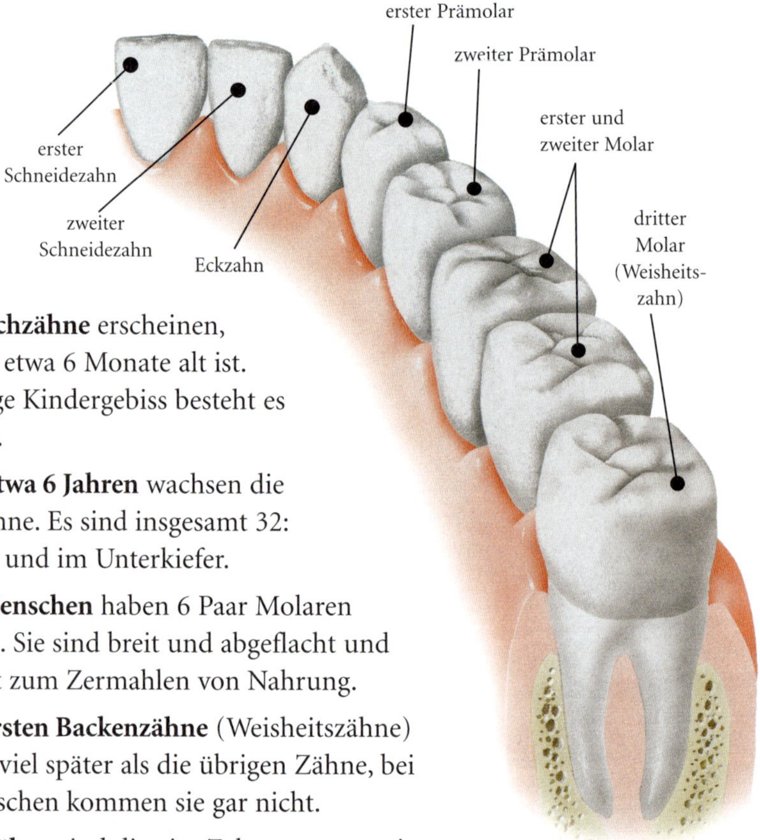

▶ *Eine Seite des Unterkiefers eines Erwachsenen. Nicht alle Erwachsenen haben in jeder Kieferhälfte 8 Zähne.*

erster Schneidezahn

zweiter Schneidezahn

Eckzahn

erster Prämolar

zweiter Prämolar

erster und zweiter Molar

dritter Molar (Weisheitszahn)

● **Die ersten Milchzähne** erscheinen, wenn ein Baby etwa 6 Monate alt ist. Das vollständige Kindergebiss besteht es aus 20 Zähnen.

● **Im Alter von etwa 6 Jahren** wachsen die bleibenden Zähne. Es sind insgesamt 32: je 16 im Ober- und im Unterkiefer.

● **Die meisten Menschen** haben 6 Paar Molaren (Backenzähne). Sie sind breit und abgeflacht und eignen sich gut zum Zermahlen von Nahrung.

● **Die vier hintersten Backenzähne** (Weisheitszähne) erscheinen oft viel später als die übrigen Zähne, bei manchen Menschen kommen sie gar nicht.

● **Die Schneidezähne** sind die vier Zahnpaare vorn im Mund. Sie haben scharfe Kanten zum Abbeißen von Nahrung.

● **Die Eckzähne** sind groß und etwas spitz – sehr praktisch zum Abbeißen.

- **Der Zahnschmelz** ist die härteste Substanz des Körpers.

- **Das Dentin** im Inneren der Zähne ist weicher, doch immer noch so hart wie ein Knochen.

- **Die Zähne** sitzen in Vertiefungen im Kieferknochen.

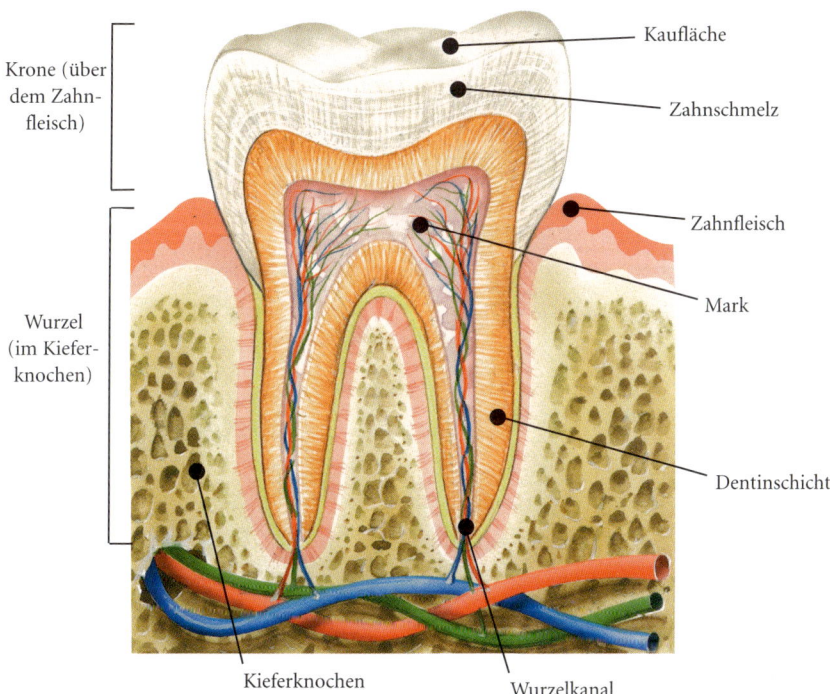

▲ *Zähne haben lange Wurzeln, die in Vertiefungen im Kieferknochen sitzen. Sie sind von weichem Zahnfleisch umgeben. In der Mitte jedes Zahns liegt lebendes Mark mit Blutgefäßen und Nerven. Dies ist von einer Dentinschicht umgeben, und über dieser liegt der Zahnschmelz.*

81

Die Leber

▶ *Die Leber ist ein großes Organ, das rechts vom Magen liegt.*

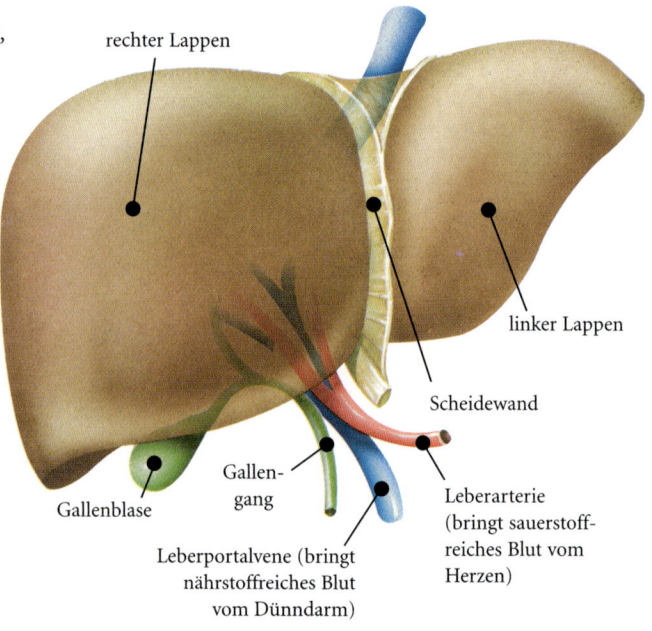

rechter Lappen

linker Lappen

Scheidewand

Leberarterie (bringt sauerstoffreiches Blut vom Herzen)

Gallengang

Gallenblase

Leberportalvene (bringt nährstoffreiches Blut vom Dünndarm)

- **Die Leber** ist die chemische Schaltzentrale des Körpers.

- **Die Leber** ist das größte innere Organ.

- **Die Aufgabe** der Leber ist es, alle Nährstoffe und sonstigen Stoffe aus der Nahrung aufzunehmen und zu den Körperzellen zu schicken, wo sie benötigt werden.

- **Die Leber** verwandelt Kohlenhyrate in Glukose, die wichtigste Energiequelle des Körpers.

- **Die Leber** reguliert auch den Blutzuckerspiegel. Fällt der Blutzuckerspiegel, gibt sie Glukose ab. Und steigt er, speichert sie die Glukose als Glykogen (eine Stärkeart).

- **Die Leber** sorgt auch dafür, dass überschüssige Nahrungsenergie als Fett überall im Körper eingelagert wird.

- **Die Leber** baut Proteine ab und speichert Vitamine und Mineralien.

▲ *Die Leber filtert schädliche Stoffe wie Alkohol und chemische Zusätze aus der Nahrung.*

● **Die Leber** produziert Gallenflüssigkeit, eine gelblich-grüne Flüssigkeit, die für die Fettverdauung im Darm benötigt wird.

● **Die Leber** baut alte Blutkörperchen ab, filtert schädliche Stoffe wie Alkohol aus dem Blut und erzeugt neues Plasma (siehe Blut).

● **Die „Chemiefabriken"** der Leber, Leberläppchen genannt, nehmen das ungereinigte Blut über die Oberfläche auf und geben es durch eine Vene wieder ab.

Bauchspeicheldrüse

- **Die Bauchspeicheldrüse** ist eine große, längliche Drüse direkt unter dem Magen.

- **Das breitere Ende** der Bauspeicheldrüse zeigt nach rechts zum Darm (siehe Verdauung). Das dünnere Ende zeigt nach links, zur Milz hin.

- **Die Bauchspeicheldrüse** besteht aus einem Material, das man exokrines Gewebe nennt. Darin befinden sich Hormondrüsen: die Langerhans'schen Inseln.

- **Das exokrine Gewebe** gibt Enzyme wie Amylase in den Darm ab, die für die Verdauung wichtig sind.

- **Amylase** verwandelt Kohlenhydrate in einfache Zucker wie Maltose, Laktose und Saccharose.

- **Die Enzyme** der Bauchspeicheldrüse werden durch einen Kanal geleitet, der in den Gallengang mündet und auch Gallenflüssigkeit transportiert (siehe Leber).

▲ *Bei einem Blick durchs Mikroskop erkennt man die Langerhans'schen Inseln (lila) inmitten von exokrinem Gewebe.*

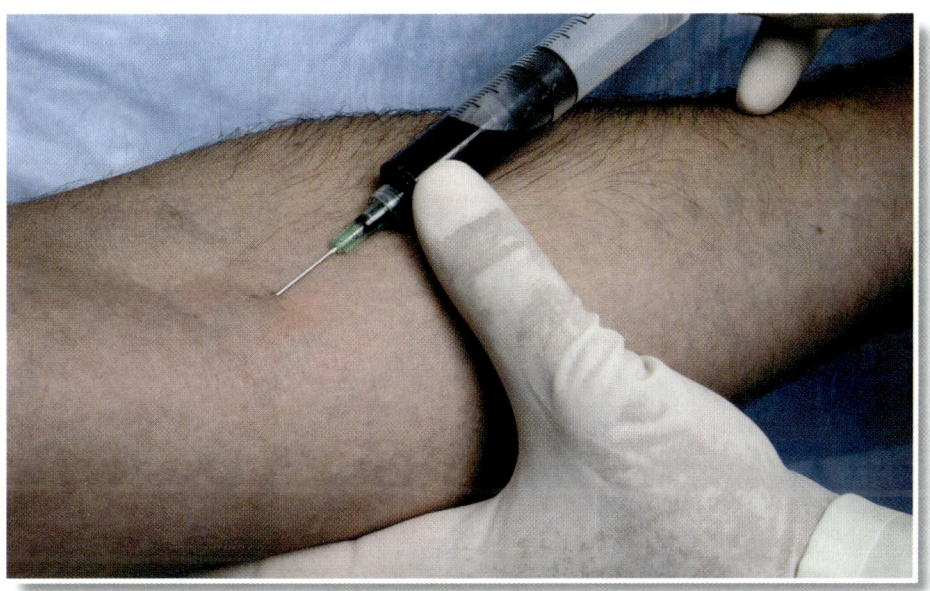

▲ *Bei Menschen, die an der Krankheit Diabetes leiden, erzeugt die Bauchspeicheldrüse kein Insulin. Um den Blutzuckerspiegel zu regulieren, müssen Diabetiker sich Insulin spritzen.*

- **Die Enzyme** der Bauchspeicheldrüse werden erst wirksam, wenn sie im Darm mit anderen Enzymen zusammentreffen.
- **Die Bauchspeicheldrüse** erzeugt auch Natriumbicarbonat, das Säure bindet und bei Magenbeschwerden Linderung bringt.
- **Die Langerhans'schen Inseln** produzieren zwei wichtige Hormone: Insulin und Glukagon.
- **Insulin und Glukagon** regulieren den Blutzuckerspiegel (siehe Glukose).

Ernährung

- **Ernährung** ist das, was man isst. Eine gesunde Ernährung enthält die optimalen Mengen an Proteinen, Kohlenhydraten, Fetten, Vitaminen, Mineralien, Ballaststoffen und Wasser.

- **Die meiste Nahrung** liefert Energie für den Körper, die vor allem in Kohlenhydraten und Fetten enthalten ist.

- **Kohlenhydratlieferanten** sind Nahrungsmittel aus Stärke (z.B. Mehl) und Zuckerarten wie Glukose. Sie sind in Brot, Reis, Kartoffeln und Süßigkeiten enthalten.

- **Fette** lösen sich in Wasser nicht auf. Sie können eher fest sein wie in Fleisch und Käse, aber auch flüssig wie in Speiseöl.

- **Fette** werden normalerweise nicht sofort verwertet, sondern gespeichert, bis der Körper sie braucht.

▲ *Kohlenhydrate (oben), Proteine (Mitte) und Fette (links) gehören zu den wichtigsten Bestandteilen einer gesunden Ernährung.*

- **Proteine** werden für Aufbau und Reparatur von Zellen gebraucht. Sie bestehen aus speziellen Chemikalien, den Aminosäuren.

- **Es gibt 20 Aminosäuren**. 11 davon stellt der Körper selbst her. Die übrigen muss man über die Nahrung zuführen.

- **Fleisch und Fisch** enthalten viele Proteine.

- **Eine ausgewogene, vegetarische Ernährung** mit Eiern, Milch und Käse liefert alle wichtigen Aminosäuren.

- **Ballaststoffe** nennt man die Zellulose pflanzlicher Zellwände. Diese Fasern kann der Körper nicht verdauen, aber er braucht sie, um die Darmmuskeln anzuregen.

▲ *Frisches Obst und Gemüse liefern eine Reihe wichtiger Vitamine und Mineralien.*

▶ *Diese Lebensmittel enthalten Ballaststoffe, die das Verdauungssystem gesund halten.*

87

Glukose

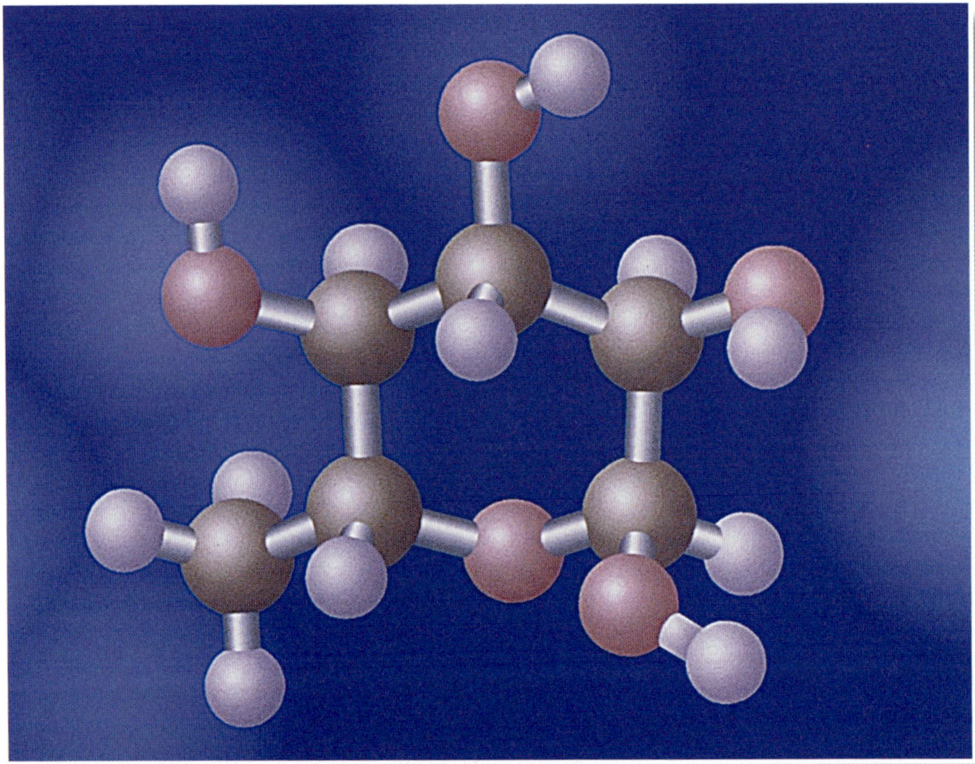

▲ *Glukose besteht aus 6 Kohlenstoffatomen, 12 Wasserstoffatomen und 6 Sauerstoffatomen.*

● **Glukose** ist der wichtigste Energielieferant des Körpers. Sie wird für alle Zellaktivitäten gebraucht.

● **Glukose** ist eine Zuckerart. Sie wird von Pflanzen erzeugt, wenn sie die Energie des Sonnenlichts aufnehmen. Man findet sie neben Fruktose in

vielen Früchten und
Fruchtsäften.

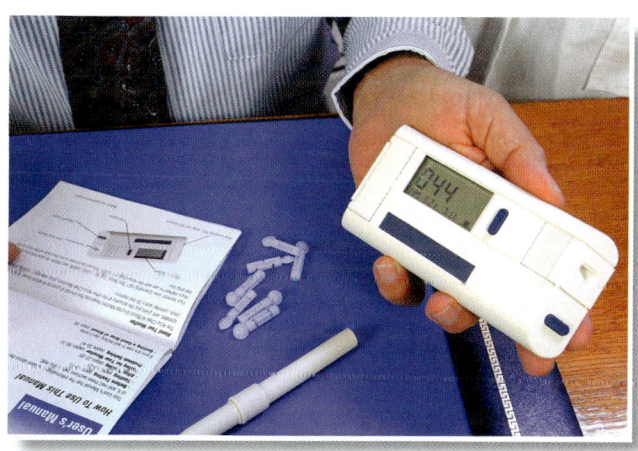

FASZINIEREND!
Adrenalin und andere Hormone der Nebennieren lassen den Blutzuckerspiegel ansteigen.

- **Der Körper** bezieht seine
Glukose aus den Kohlen-
hydraten in der Nahrung,
die im Verdauungstrakt aufgeschlossen werden.

- **Vom Verdauungstrakt** gelangt die Glukose zur Leber. Überschüssige Glukose
wird dort in Form der Stärke Glykogen gespeichert.

- **Damit der Körper** richtig arbeitet, muss der Anteil an Glukose im Blut (der
Blutzuckerspiegel) immer stimmen.

- **Wenn der Blutzuckerspiegel** sinkt, setzt die Bauchspeicheldrüse Glukagon
frei. Es regt die Leber an, gespeichertes Glykogen in Glukose zu verwandeln.

- **Ist der Blutzuckerspiegel** zu hoch, setzt die Bauchspeicheldrüse Insulin frei.
Dann speichert die Leber den überflüssigen Zucker als Glykogen.

- **In den Zellen** wird
die Glukose in Ener-
gie verwandelt, als
Glykogen gespei-
chert oder zur Her-
stellung von Trigly-
zeriden (siehe Fette)
verwendet.

▶ *Mit einem Blutzucker-
messgerät lässt sich der
Blutzuckerspiegel eines
Patienten prüfen.*

89

Kohlenhydrate

- **Kohlenhydrate** in der Nahrung sind die wichtigste Energiequelle des Körpers. Sie sind in Süßigkeiten und stärkehaltigen Lebensmitteln wie Brot, Kuchen und Kartoffeln enthalten (siehe Ernährung).

- **Kohlenhydrate** werden im Körper verbrannt, um ihn warm zu halten, um Energie für Wachstum und Muskelbewegung zu liefern und um die Körperfunktionen aufrechtzuerhalten.

- **Kohlenhydrate** zählen zu den verbreitetsten organischen Stoffen. Pflanzen stellen mithilfe der Energie des Sonnenlichtes Kohlenhydrate her.

- **Zu den Kohlenhydraten** gehören auch chemische Stoffe, die man Zucker nennt. Saccharose (der Zucker in der Zuckerdose) ist nur einer von ihnen.

- **Einfache Kohlenhydrate** wie Glukose, Fruktose (Fruchtzucker) und Saccharose schmecken süß und lösen sich in Wasser auf.

- **Komplexe Kohlenhydrate** (oder Polysaccharide) wie Stärke entstehen, wenn sich die Moleküle einfacher Zuckerarten verbinden.

▲ Brot enthält viele komplexe Kohlenhydrate wie Stärke, aber auch einfache wie Glukose und Saccharose.

▲ *Kohlenhydrate liefern schnell Energie, die wir für ein aktives Leben brauchen.*

- **Ein dritter Typ** von Kohlenhydraten ist die Zellulose (siehe Ernährung).
- **Die Kohlenhydrate** in der Nahrung werden in Glukose verwandelt, die der Körper verwertet, oder in der Leber in Form der Stärke Glykogen gespeichert.
- **Ein Erwachsener** verbraucht etwa 2000–4000 Kilokalorien am Tag.

91

Fette

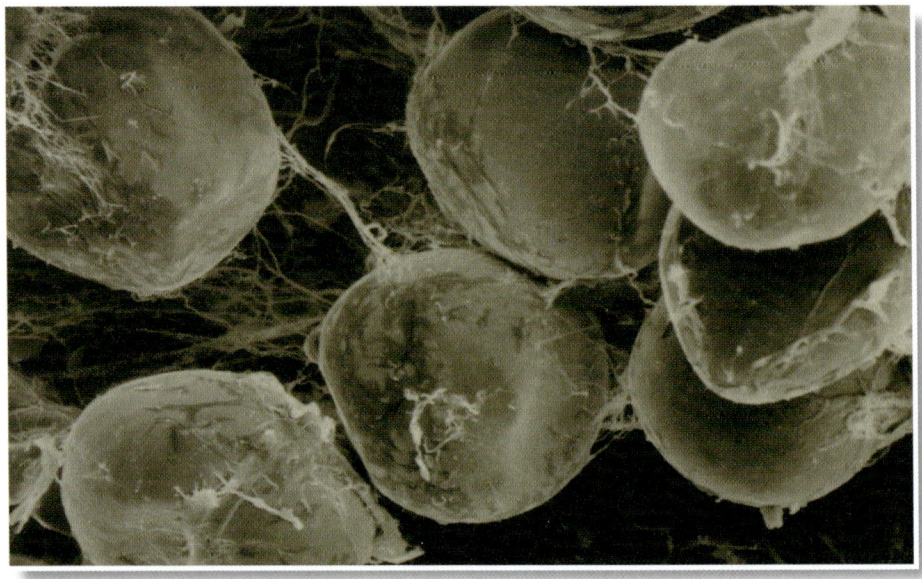

▲ *Unter der Haut liegen viele Fettzellen. Sie dienen dem Körper als Energiereserve und Isolierung gegen Kälte.*

- **Fette** sind eine wichtige Energiequelle. Zusammen mit Kohlenhydraten und Proteinen zählen sie zu den wichtigsten Nährstoffen.

- **Kohlenhydrate** werden zur sofortigen Energiegewinnung verwendet, Fette dagegen werden gespeichert, falls Energie einmal knapp wird.

- **Ein Gramm Fett** enthält doppelt so viel Energie wie ein Gramm Kohlenhydrate.

- **Fette** sind wichtige organische Stoffe, die in fast allem Lebendigem enthalten sind. Sie bestehen aus Fettsäure und Glycerol (= Glyzerin).

92

- **Pflanzliche** und tierische Nahrungsfette lösen sich nicht in Wasser auf.

- **Die meisten Pflanzenfette** wie Maiskeimöl und Olivenöl sind flüssig. Kokosfett ist jedoch fest.

- **Die meisten tierischen Fette** in Fleisch, Milch und Käse sind fest. Milch ist eigentlich nur Wasser mit einigen tierischen Fetten. Die meisten festen Fette schmelzen, wenn sie erwärmt werden.

- **Triglyzeride** sind die Fette, die der Körper im Fettgewebe als Energiereserve speichert. Sie dienen auch als Isolierung gegen Kälte.

- **Phospholipide** sind Fette, die dem Aufbau der Körperzellen dienen.

  - **Im Magen** werden mithilfe von Gallensaft aus der Leber und Enzymen aus der Bauchspeicheldrüse die Fette in Fettsäuren und Glycerol aufgespalten. Dann werden sie vom Lymphsystem oder vom Blut aufgenommen.

◄ *Es gibt gesättigte und ungesättigte Fettsäuren. Käse enthält gesättigte Fettsäuren. Gesättigte Fettsäuren erhöhen den Cholesteringehalt des Blutes und somit auch die Gefahr von Herzkrankheiten.*

93

Wasser

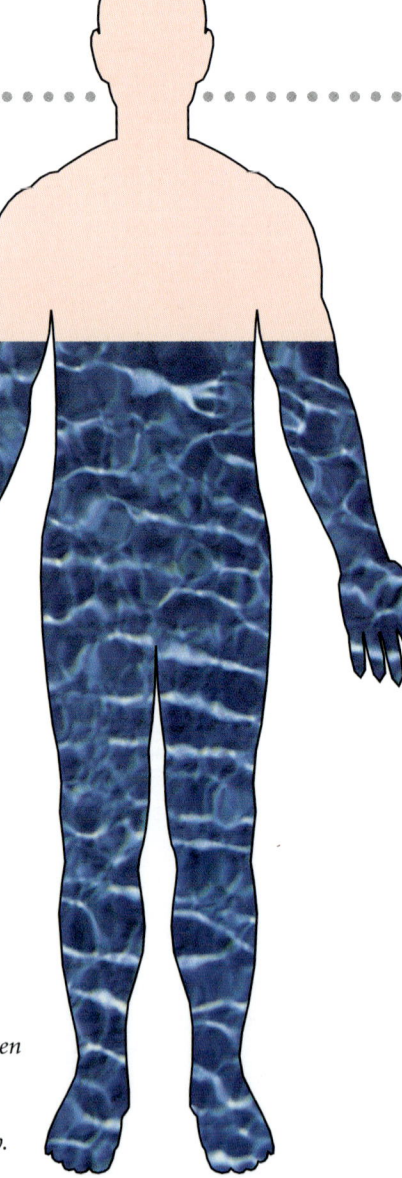

- **Mehr als 60 %** des Körpers sind Wasser.

- **Man kann** einige Wochen ohne feste Nahrung überleben, aber nur wenige Tage ohne Wasser.

- **Wasser** wird dem Körper durch Speisen und Getränke zugeführt, es ist aber auch ein Nebenprodukt der Zelltätigkeit.

- **Wasser** verliert man durch Atmung, in Form von Schweiß, Urin und Kot (siehe Ausscheidungen).

- **Ein Mensch** nimmt ca. 2,2 l Flüssigkeit am Tag zu sich: 1,4 l in Form von Getränken und 0,8 l mit Nahrungsmitteln. Die Körperzellen liefern 0,3 l, zusammen sind das 2,5 l Wasseraufnahme am Tag.

- **Ein Mensch** verliert durchschnittlich 1,5 l Wasser als Urin, 0,5 l als Schweiß, 0,3 l als Feuchtigkeit im Atem und 0,2 l im Kot.

▶ *Der Körper besteht größtenteils aus Wasser. Selbst Knochen enthalten ein Fünftel Wasser, das Gehirn sogar drei Viertel. Mit Speisen und Getränken nimmt man Wasser zu sich, durch Urin, Schweiß und sogar Atem gibt man es wieder ab.*

- **Der Wasserhaushalt** des Körpers wird hauptsächlich durch die Nieren und die Nebennieren geregelt.

- **Wie viel Wasser** die Nieren in Form von Urin ausscheiden, hängt vom Salzgehalt des Blutes ab (siehe Körpersalze).

- **Wenn man viel trinkt**, sinkt der Salzgehalt des Blutes. Um das Gleichgewicht wieder herzustellen, scheiden die Nieren wieder Wasser aus.

- **Wenn man wenig trinkt** oder stark schwitzt, wird das Blut salziger. Die Nieren scheiden dann kein Wasser aus.

▶ *Wer beim Sport stark schwitzt, muss das ausgeschiedene Wasser wieder zu sich nehmen. Wenn man zu viel trinkt, scheiden die Nieren überflüssiges Wasser einfach als Urin wieder aus.*

95

Vitamine

- **Vitamine** sind spezielle Stoffe im Körper, die dafür sorgen, dass die chemischen Prozesse in den Zellen richtig funktionieren.

- **Pflanzen** können ihre Vitamine selbst herstellen. Menschen müssen die meisten mit der Nahrung zu sich nehmen.

- **Das Fehlen** bestimmter Vitamine in der Nahrung kann krank machen.

- **Vor dem 18. Jahrhundert** litten Seeleute auf langen Reisen an Skorbut – einer Mangelkrankheit. Ihnen fehlte das Vitamin C aus frischen Früchten.

◀ *Gemüse enthalten viel Vitamin B und C, darum müssen wir reichlich davon essen.*

▲ *Dies ist ein Mikroskop-Foto des Vitamin C, das auch Ascorbinsäure heißt. Es hilft dem Körper, Infektionen wie Schnupfen zu bekämpfen.*

● **Die ersten Vitamine,** die entdeckt wurden, bezeichnete man mit dem Buchstaben B. Später gab man Neuentdeckungen chemische Namen, z.B. Vitamin E = Tocopherol. Heute sind mindestens 15 Vitamine bekannt.

● **Manche Vitamine** wie A, D, E und K sind fettlöslich. Sie sind in tierischen Fetten und Pflanzenölen enthalten. Der Körper kann sie lange speichern.

● **Manche Vitamine** wie C und B sind wasserlöslich. Man muss sie täglich zu sich nehmen.

● **Der Körper** kann nur Vitamin D und K selbst herstellen. Vitamin D ist für das Knochenwachstum von Kindern besonders wichtig.

Körpersalze

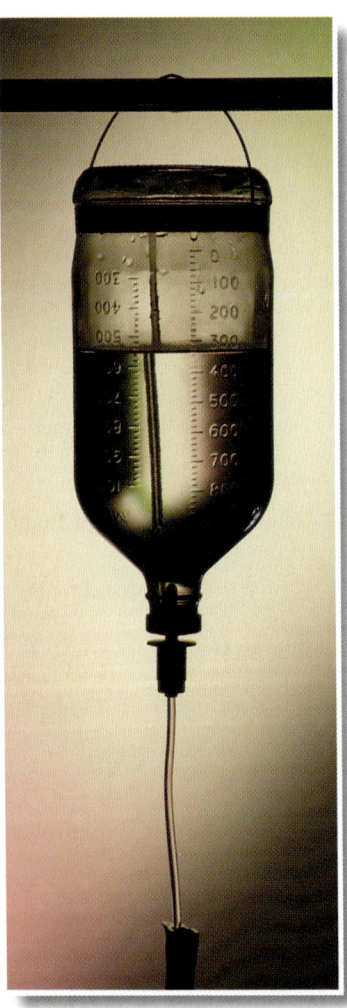

- **Körpersalze** sind etwas anderes als das Salz, das wir aufs Frühstücksei streuen. Sie bilden eine Gruppe von Chemikalien, die für den Körper sehr wichtig sind.

- **Die Körpersalze** bestehen beispielsweise aus Kalium, Natrium, Mangan, Chloriden, Karbonaten und Phosphaten.

- **Körpersalze** sind wichtig für das Gleichgewicht des Wasserhaushalts im ganzen Körper und auf der Innen- und Außenseite der Zellen.

- **Der Durst** wird vom Hypothalamus (siehe Gehirn) gesteuert. Er misst den Salzgehalt des Blutes und schickt Signale an die Nieren, ob sie Wasser abgeben oder zurückhalten sollen.

- **Salze** werden mit der Nahrung aufgenommen.

- **Salze** verliert man durch Schwitzen. Das kann sogar Muskelkrämpfe auslösen. Darum nehmen die Wüstenbewohner Salztabletten oder trinken eine schwache Salzlösung.

◀ *Über den „Tropf" (Tropfinfusion) wird Menschen, die viel Blut verloren haben, eine Salzlösung direkt in eine Vene gegeben.*

> **. . . FASZINIEREND! . . .**
> Die Nieren regulieren das Gleichgewicht
> von Wasser und Salzen im Körper.

▲ *Menschen, die in heißen Ländern leben, müssen viel Salz essen, um den Verlust durch das Schwitzen wieder auszugleichen.*

- **Zu viel Salze** in der Nahrung können bei manchen Menschen Bluthochdruck verursachen.

- **Wird Salz in Wasser aufgelöst,** zerfallen seine chemischen Bestandteile in Ionen. Das sind Atome oder Gruppen von Atomen mit einer positiven oder negativen elektrischen Ladung.

Enzyme

- **Enzyme** sind Moleküle, die hauptsächlich aus Proteinen bestehen und das Tempo chemischer Reaktionen in Organismen regeln.

- **Im Körper** gibt es etwa 1000 Enzyme. Ohne sie könnte er nicht funktionieren.

- **Manche Enzyme** brauchen für ihre Arbeit einen zusätzlichen Stoff, ein Koenzym. Viele Koenzyme sind Vitamine.

- **Die** meisten Enzyme enden auf *-ase,* beispielsweise Katalase, Protease und Lipase.

- **Enzyme** sind wichtig zur Steuerung des Stoffwechsels – das sind alle lebensnotwendigen biochemischen Vorgänge im Körper.

▲ *Nach einer Mahlzeit gehen viele Enzyme an die Arbeit. Sie spalten die Nahrung in einzelne Moleküle auf, sodass sie vom Blut aufgenommen werden können.*

- **Eine der wichtigsten Enzymgruppen** ist die Ribonukleinsäure, die von den Kernen der Körperzellen zur Informationsübermittlung benutzt wird.

- **Viele Enzyme** sind für die Verdauung der Nahrung wichtig, etwa Lipase, Protease, Amylase und die Peptidasen. Die meisten werden in der Bauchspeicheldrüse gebildet.

◀ Sobald man in etwas Essbares beißt, beginnen die Enzyme im Speichel, die Kohlenhydrate in Glukose aufzuspalten. So bereiten sie die Nahrung für die Verdauung vor.

- **Lipase** gelangt aus der Bauchspeicheldrüse in den Darm und hilft dort bei der Fettverdauung.

- **Amylase** spaltet Stärke, etwa aus Brot und Obst, in Einfachzucker auf (siehe Kohlenhydrate). Sie ist im Speichel und in der Magenflüssigkeit enthalten.

- **Im Darm** werden die Zuckerverbindungen Maltose, Saccharose und Laktose von den Enzymen Maltase, Saccharase und Laktase aufgespalten.

Temperatur

- **Die Normaltemperatur** im Inneren des Körpers liegt bei 37 °C. Nur im Krankheitsfall steigt sie an.

- **Der Körper** erzeugt Wärme, indem er in seinen Zellen Nährstoffe verbrennt, vor allem den Energielieferanten Glukose.

- **Selbst beim Ausruhen** erzeugt der Körper so viel Wärme, dass man sich nur wohl fühlt, wenn die Luft etwas kühler als der Körper ist.

- **Wenn man sich anstrengt**, können die Muskeln so viel Wärme wie ein Heizkörper erzeugen.

- **Der Körper** verliert Wärme, wenn man kalte Luft einatmet und warme Luft ausatmet. Auch über die Haut gibt der Körper Wärme ab.

- **Die Körpertemperatur** wird vom winzigen Hypothalamus geregelt, der im vorderen, unteren Bereich des Gehirns liegt.

- **Verschiedene Temperatursensoren** informieren den Hypothalamus darüber, wie warm oder kühl der Körper ist.

◀ *Die Körpertemperatur kann man mit einem Thermometer messen. Dies zeigt 98,6 °F (Fahrenheit) an – das entspricht 37 °C.*

▶ *Im Sommer wird es uns manchmal zu heiß. Dann finden wir es sehr erfrischend, uns von kühlem Wasser nass spritzen zu lassen.*

- **Wenn es zu warm ist**, gibt der Hypothalamus der Haut das Signal, stärker zu schwitzen. Den Blutgefäßen wird signalisiert, sich zu weiten. Dadurch erhöht sich der Blutfluss und es wird mehr Wärme vom Körper abgegeben.

- **Ist es zu kalt**, signalisiert der Hypothalamus der Haut, die Durchblutung einzuschränken, und befiehlt den Muskeln, durch Zittern Wärme zu erzeugen.

- **Wenn es sehr kalt ist**, kann der Hypothalamus auch die Schilddrüse anregen. Sie schüttet dann Hormone aus, durch die die Zellen schneller Energie verbrennen und so mehr Wärme erzeugen.

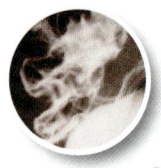

Ausscheidungen

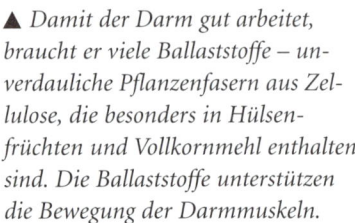

- **Ausscheidungen** sind die Nahrungsreste, die der Körper nicht verdauen kann.

- **Im Darm** entzieht der Körper der Nahrung alles, was er verwerten kann. Der Rest wird ausgeschieden.

- **Der größte Teil des Darms** ist der Dickdarm. Er ist fast 1,5 m lang.

▲ *Damit der Darm gut arbeitet, braucht er viele Ballaststoffe – unverdauliche Pflanzenfasern aus Zellulose, die besonders in Hülsenfrüchten und Vollkornmehl enthalten sind. Die Ballaststoffe unterstützen die Bewegung der Darmmuskeln.*

- **Der Dickdarm** verwandelt den halbflüssigen Nahrungsbrei in eine festere Masse, indem er ihm Wasser entzieht.

- **Der Dickdarm** nimmt jeden Tag etwa 1,5 Liter Wasser auf.

- **Die Dickdarmwände** nehmen auch Natrium und Chlor auf und geben Kalium und Bikarbonat ab.

- **Im Dickdarm** leben Milliarden von Bakterien, die den Nahrungsbrei in Kot verwandeln. Die Bakterien sind ungefährlich, solange sie sich nicht im restlichen Körper ausbreiten.

- **Die Bakterien** im Dickdarm erzeugen die Vitamine B und K sowie übel riechende Gase wie Methan und Schwefelsulfid.

▶ *Ein Röntgenbild des Dickdarms. Der Patient trinkt ein Kontrastmittel, sodass der Arzt den Darm auf dem Röntgenschirm erkennen und seine Funktion überprüfen kann.*

- **Die Muskeln** des Dickdarms brechen die Nahrungsabfälle in Portionen auf, die ausgeschieden werden können.

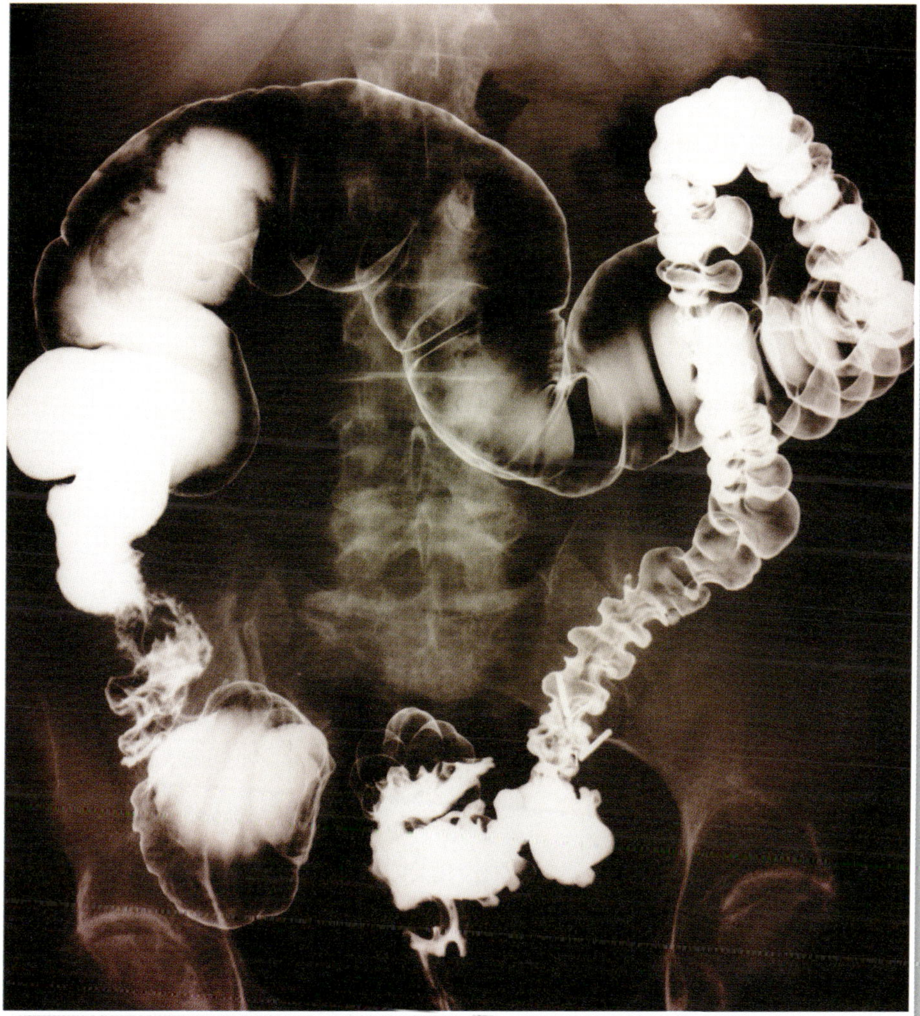

Nieren

- **Die Nieren** sind zwei bohnenförmige Organe, die ungefähr in der Mitte des Rückens liegen.

- **Dic Nieren** steuern den Wasserhaushalt des Körpers und reinigen das Blut.

- **Mit hoher Geschwindigkeit** entziehen die Nieren dem Blut Wasser und andere Stoffe. Sie filtern es und scheiden überschüssiges Wasser und unerwünschte Stoffe aus (siehe Urin).

- **Die Nieren** filtern etwa 1,3 Liter Blut in der Minute.

- **Alle 10 Minuten** durchströmt das Blut des Körpers die Nieren. Es wird also etwa 150-mal am Tag gefiltert.

- **Die Nieren** entziehen dem Blut alle verwertbaren Stoffe. Einer Menge von etwa 1000 Litern Blut entziehen Sie 85 Liter Wasser und andere Stoffe und scheiden nur 0,6 Liter als Urin aus.

- **Die Nieren** speichern fast alle Aminosäuren und die Glukose (siehe Ernährung) aus dem Blut, außerdem 70 % der Salze.

- **Das Blut** wird in den Nieren durch eine Million oder mehr kleine Einheiten gefiltert, die man Nephronen nennt.

- **Jedes Nephron** enthält ein feines Netzwerk aus winzigen Röhren oder Kanälchen, die sich um zahllose Kapillargefäße winden. Verwertbare Stoffe werden in diese Kanälchen abgegeben und dann von dem Blut in den Kapillaren aufgenommen.

- **Durch die Bowman-Kapsel**, eine kleine Schale, und ein Bündel von Kapillaren gelangt das Blut in die Nephronen.

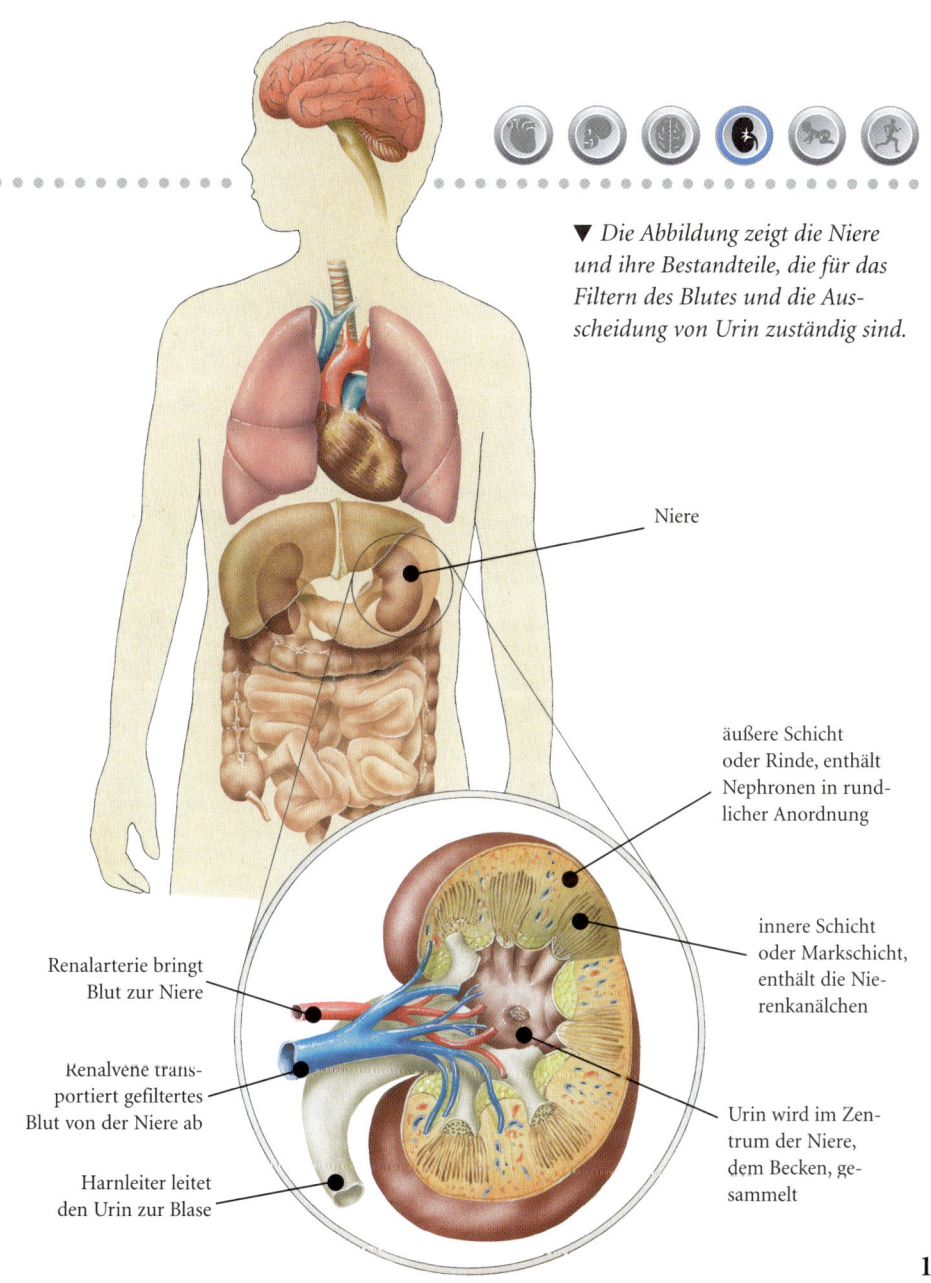

▼ *Die Abbildung zeigt die Niere und ihre Bestandteile, die für das Filtern des Blutes und die Ausscheidung von Urin zuständig sind.*

Niere

äußere Schicht oder Rinde, enthält Nephronen in rundlicher Anordnung

innere Schicht oder Markschicht, enthält die Nierenkanälchen

Renalarterie bringt Blut zur Niere

Renalvene transportiert gefiltertes Blut von der Niere ab

Harnleiter leitet den Urin zur Blase

Urin wird im Zentrum der Niere, dem Becken, gesammelt

Urin

- **Urin** ist Wasser, das der Körper nicht braucht und darum ausscheidet (siehe Wasser).

- **Die Nieren** erzeugen den Urin, indem sie das Blut filtern.

- **Durch den Harnleiter** wird der Urin von den Nieren zur Blase geleitet.

- **In der Blase** sammelt sich der Urin mehrere Stunden lang. Wenn die Blase voll ist, muss man auf die Toilette gehen.

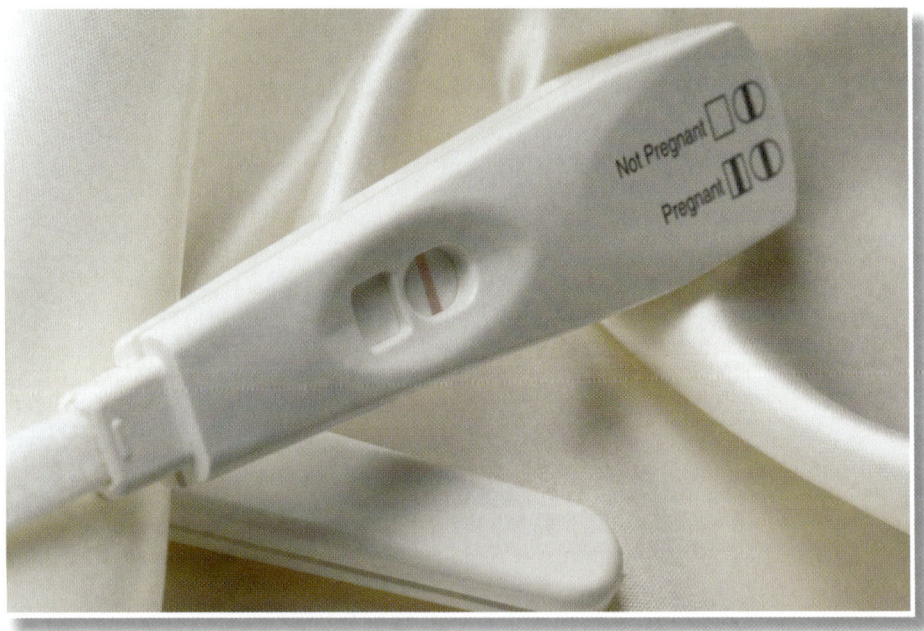

▲ *Mit einem Schwangerschafts-Testset (oben) kann eine Frau ihren Urin auf ein bestimmtes Hormon hin untersuchen. Ist es enthalten, ist die Frau schwanger.*

- **Urin** besteht hauptsächlich aus Wasser und ist steril. Falls er doch einmal Blutreste, Leukozyten, Proteine, Bakterien o. a. enthält, ist das immer ein Krankheitszeichen.

- **Harnstoff** ist eine Substanz, die nach dem Abbau von Aminosäuren zurückbleibt (siehe Ernährung).

- **Der Geruch** des Urins rührt von Stoffen wie Ammoniak her.

- **Für die Farbe** des Urin ist ein gelblicher Abfallstoff des Blutes verantwortlich, das Urochrom. Es entsteht bei der Aufspaltung von Proteinen.

- **Wenn man stark schwitzt** (z. B. bei Fieber) scheiden die Nieren weniger Wasser aus und der Urin hat eine intensivere Farbe.

▲ *Im Urin enthaltene Stoffe geben Ärzten Informationen über bestimmte Krankheiten. Bei Diabetes beispielweise enthält der Urin Glukose.*

. . . FASZINIEREND! . . .
In seinem leben scheidet ein Mensch 45 000 Liter Urin aus – ein kleines Schwimmbecken voll.

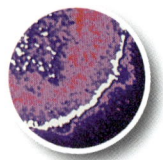

Das Immunsystem

...FASZINIEREND!...
Die empfindlichen Augen werden durch die Tränen geschützt. Sie spülen Keime weg und enthalten auch das Enzym Lysozym gegen Bakterien.

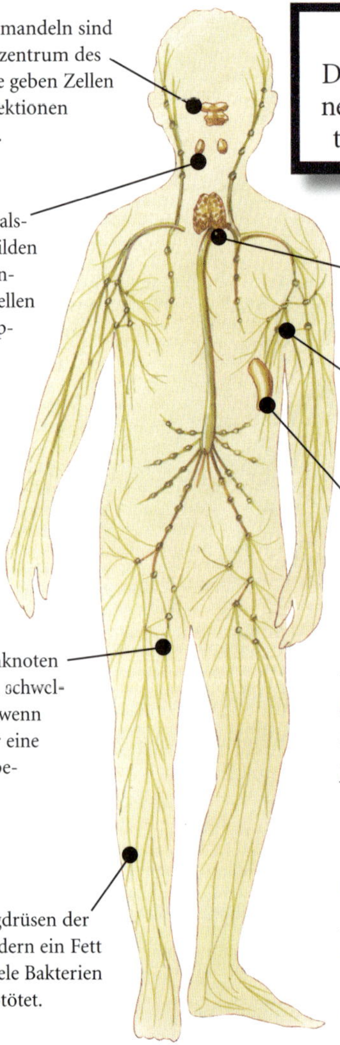

Die Rachenmandeln sind ein Abwehrzentrum des Körpers. Sie geben Zellen frei, die Infektionen bekämpfen.

Bei einer Halsinfektion bilden die Gaumenmandeln Zellen zur Bekämpfung der Erreger.

Die Thymusdrüse in der oberen Brust verwandelt weiße Blutkörperchen in spezielle Zellen, die gefährliche Mikroben bekämpfen.

Bei einer Infektion können die Lymphknoten anschwellen, wenn sie sich mit weißen Blutkörperchen füllen, die Bakterien „gefressen" haben.

Die Milz beseitigt verbrauchte rote Blutkörperchen und wirkt bei der Bildung von Antikörpern und Phagozyten mit.

Die Lymphknoten der Leisten schwellen oft an, wenn der Körper eine Infektion bekämpft.

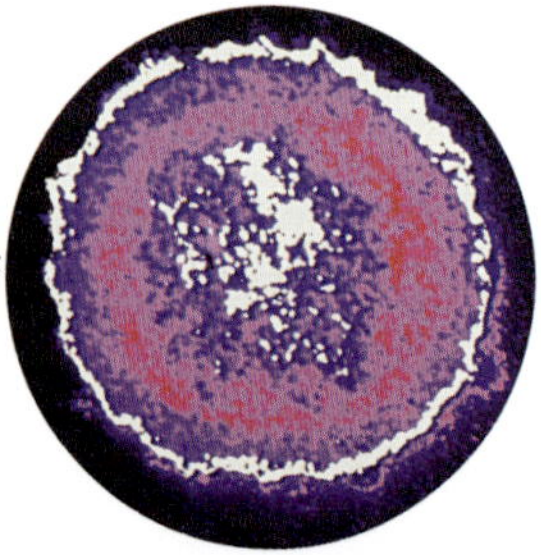

Die Talgdrüsen der Haut sondern ein Fett ab, das viele Bakterien abtötet.

◀ *Das Abwehrsystem des Körpers gegen Erkrankungen ist erstaunlich groß. Besonders wichtig sind die verschiedenen Arten weißer Blutkörperchen und die Antikörper.*

▶ *Das AIDS-Virus HIV greift das Immunsystem des Körpers an und verhindert die Bekämpfung anderer Erkrankungen.*

- **Das Immunsystem** ist ein komplexes Abwehrsystem, mit dem der Körper Keime und andere Eindringlinge bekämpft.

- **Der Körper** besitzt verschiedene mechanische Barrieren und giftige Chemikalien, um Bakterien abzuwehren. Die Haut hält viele Erreger fern.

- **Zäher, klebriger Schleim** bedeckt die empfindlichen inneren Teile des Körpers, etwa in der Nase oder im Magen. Er wirkt auch wie ein Schmiermittel, um das Schlucken zu erleichtern.

- **Schleim** überzieht auch die Atemwege und die Lungen, um sie vor Rauchpartikeln und Keimen zu schützen. Wenn man erkältet ist, bildet sich mehr Schleim in den Atemwegen, weil der Körper versucht, den Ansturm der Erreger abzuwehren.

- **Juckreiz**, Niesen, Husten und Erbrechen sind Reaktionen des Körpers auf unerwünschte Eindringlinge. Kleine Teilchen bleiben an dem Schleim haften und werden von winzigen Härchen, Flimmerhärchen genannt, aus dem Körper transportiert.

- **Der Körper** besitzt viele spezielle Zellen und Stoffe zur Bekämpfung eingedrungener Keime.

- **Komplement** ist eine im Blut enthaltene Mischung von Proteinen, die Bakterien bekämpft.

- **Interferone** sind Proteine, mit deren Hilfe der Körper Viren bekämpft und Killerzellen aktiviert (siehe Lymphozyten).

- **Einige weiße Blutkörperchen** sind zytotoxisch: Sie zerstören fremde Keime.

- **Phagozyten** sind große weiße Blutkörperchen, die Eindringlinge verschlingen und dann mithilfe von Enzymen auflösen (siehe Antikörper). Bei Entzündungen sammeln sie sich sofort am Infektionsherd.

Lymphozyten

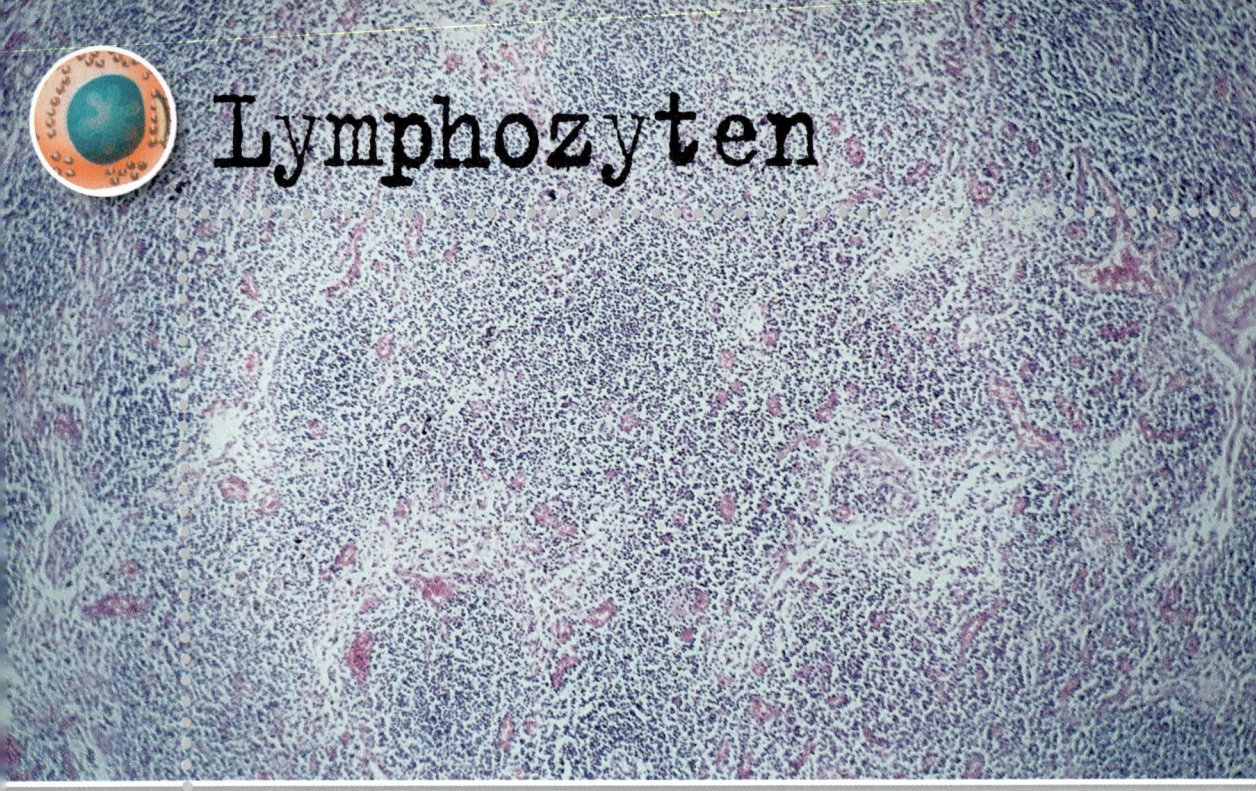

▲ *Ein Lymphknoten voller Lymphozyten, die eine Infektion bekämpfen.*

● **Lymphozyten** sind weiße Blutkörperchen, die im Immunsystem des Körpers eine wichtige Rolle spielen: Sie greifen eingedrungene Erreger an.

● **Es gibt zwei Arten** von Lymphozyten – die B-Zellen und die T-Zellen.

● **Die B-Zellen** entwickeln sich zu Plasmazellen, die Antikörper zur Bekämpfung von Bakterien (etwa der Cholera) und einigen Viren bilden (siehe Antikörper).

● **T-Zellen** bekämpfen Viren und andere Mikroorganismen, die sich in Körperzellen verstecken. Die T-Zellen erkennen und zerstören diese befallenen Zellen und ihre Produkte. Sie bekämpfen auch einige Bakterienarten.

112

- **Es gibt zwei Arten** von T-Zellen: Helfer und Killerzellen.

- **T-Helfer-Zellen** erkennen befallene Körperzellen und senden Lymphokinen aus. So alarmiert vermehren sich die T-Killer-Zellen.

- **Befallene Zellen** verraten sich durch abnorme Proteine an der Oberfläche.

- **T-Killer-Zellen** halten sich an den befallenen Zellen fest, die die T-Helfer-Zellen entdeckt haben. Dann dringen sie ein und zerstören die erkrankten Zellen.

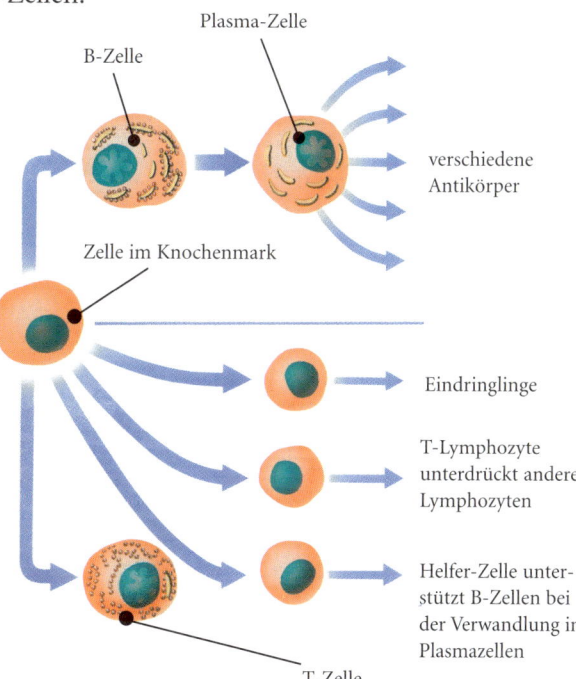

B-Zelle

Plasma-Zelle

verschiedene Antikörper

Zelle im Knochenmark

Eindringlinge

T-Lymphozyte unterdrückt andere Lymphozyten

Helfer-Zelle unterstützt B-Zellen bei der Verwandlung in Plasmazellen

T-Zelle

- **Manche B-Zellen** werden auch Gedächtniszellen genannt. Sie können sofort auf einen weiteren Angriff des gleichen Erregers reagieren.

▲ *Unser Körper wird ständig von schädlichen Bakterien und Viren angegriffen. Lymphozyten dienen als Polizei und bilden verschiedene Zellen, die Erreger erkennen und Alarm geben, sie unterdrücken oder abtöten.*

> **FASZINIEREND!**
> Bei einem Schnupfen werden die T-Lymphozyten aktiv, um das Virus zu bekämpfen.

Antikörper

- **Antikörper** sind winzige Proteine. Sie helfen bestimmten weißen Blutkörperchen (Phagozyten), Krankheitserreger anzugreifen.

- **Antikörper** werden von weißen Blutkörperchen gebildet, die aus B-Lymphozyten entstanden sind (siehe Lymphozyten).

- **Es gibt Tausende** verschiedener B-Zellen im Blut. Jede erzeugt Antikörper gegen einen bestimmten Erreger.

- **Normalerweise** tragen nur wenige B-Zellen bestimmte Antikörper. Wird aber ein Krankheitserreger entdeckt, vermehren sich die entsprechenden B-Zellen sehr schnell, um möglichst viele Antikörper bereitzustellen.

- **Das Immunsystem** erkennt Erreger daran, dass sie auf ihrer Oberfläche körperfremde Proteine (Antigene) tragen.

▲ *Pollen können Allergien auslösen. Um die harmlosen Pollen zu bekämpfen, bildet das Immunsystem unnötigerweise Antikörper. So entsteht eine allergische Reaktion.*

▶ *Bakterien, Viren und andere Mikroorganismen besitzen Antigene, durch die B-Zellen angeregt werden, Antikörper zu bilden.*

- **Von Geburt an** ist der Körper mit Antikörpern gegen Erreger ausgestattet, denen er nie begegnet ist. Das nennt man Nestschutz; er hält nur 3 Monate.

- **Begegnet** der Körper einem Erreger, gegen den er keine Antikörper besitzt, bildet er schnell welche. Zugleich entstehen Gedächtniszellen, die aktiv werden, wenn der Erreger noch einmal eindringt. Das nennt man aktive Immunisierung.

- **Aktive Immunisierung** bedeutet, dass man bestimmte Krankheiten wie Masern und Windpocken nur ein Mal bekommt. So funktionieren auch Impfungen.

- **Allergien sind Überreaktionen**, wenn zu viele Antikörper gebildet werden oder wenn Antikörper gegen harmlose Antigene gebildet werden.

- **Autoimmunkrankheiten** sind Störungen, bei denen der Körper Antikörper gegen seine eigenen Gewebezellen bildet.

115

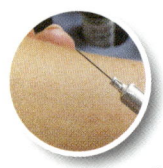

Impfung

- **Impfungen** schützen vor Infektionskrankheiten. Der Körper wird abgeschwächten oder abgetöteten Erregern ausgesetzt, damit er einen eigenen Schutz in Form von Antikörpern bildet.

- **Impfung** wird auch Immunisierung genannt, weil man nach der Impfung gegen eine bestimmte Krankheit immun ist.

- **Bei der passiven Immunisierung** werden „fertige" Antikörper injiziert. So ein Impfschutz wirkt sofort, hält aber nicht lange an.

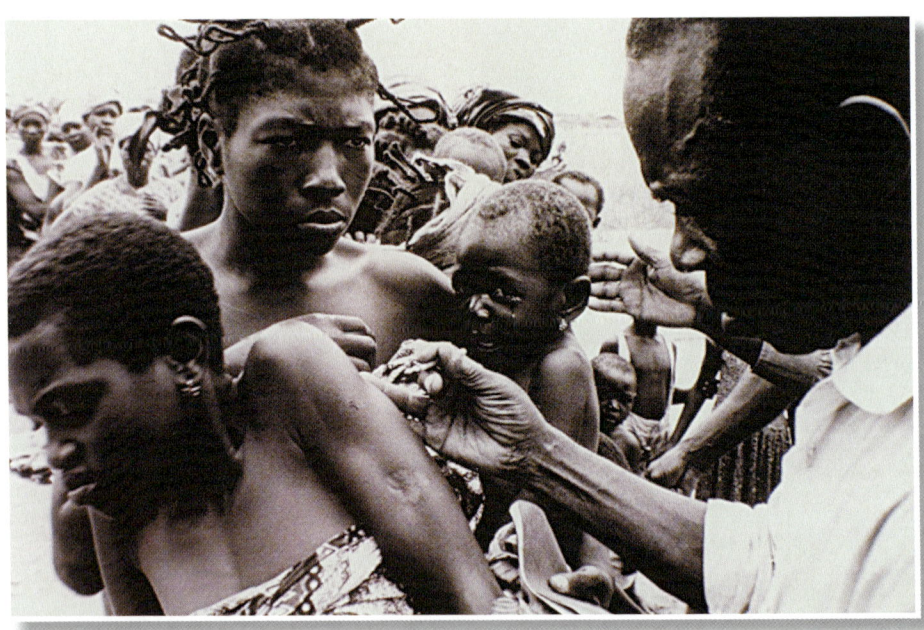

▲ *Impfungen sind in tropischen Regionen besonders wichtig.*

- **Bei der aktiven Immunisierung** werden abgetötete oder unschädlich gemachte Erreger gespritzt. Dann erzeugt der Körper selbst Antikörper und ist lebenslang immun.

- **In vielen Ländern** werden alle Kinder in den ersten Lebensjahren gegen verschiedene gefährliche Krankheiten wie Diphtherie, Tetanus und Kinderlähmung geimpft.

- **Bei der Masernimpfung** besteht ein Risiko von 1:87000, dass eine Enzephalitis (Gehirnentzündung) auftritt.

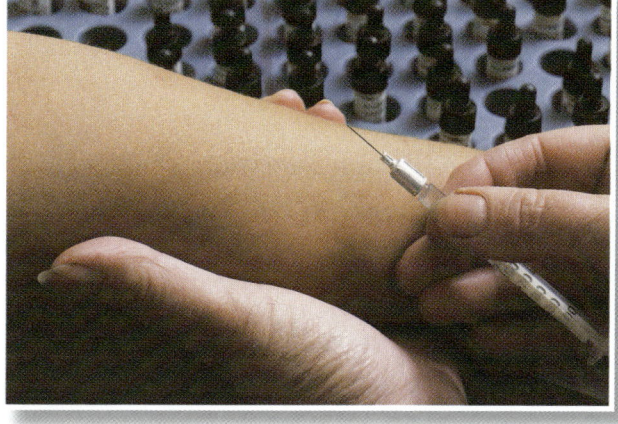

▲ *Impfungen haben dafür gesorgt, dass Krankheiten wie Diphtherie, Röteln und Keuchhusten in vielen Ländern selten geworden sind. Die Pocken, früher eine häufige und gefährliche Krankheit, gelten als ausgerottet.*

- **Bei Impfungen** gegen Cholera, Typhus, Tollwut und Grippe werden abgetötete Erreger verwendet.

- **Bei Impfungen** gegen Masern, Mumps, Kinderlähmung und Röteln werden lebende, aber abgeschwächte oder unschädlich gemachte Erreger verwendet.

- **Bei Impfungen** gegen Diphtherie und Tetanus werden den Erregern ihre Toxine (Giftstoffe) entzogen, um sie harmlos zu machen.

- **Für den Impfstoff** gegen Hepatitis B setzt man neuerdings das Antigen in gentechnisch veränderte Hefezellen, also nicht mehr an das komplette Virus.

Hormone

- **Hormone** sind Botenstoffe des Körpers, die ausgeschüttet werden, um in bestimmten Körpertcilen Reaktionen auszulösen.

- **Die meisten Hormone** sind endokrine Hormone, die über den Blutkreislauf verteilt werden.

- **Jedes Hormon** ist ein Molekül mit einer besonderen Form, das auf seine Zielzellen eine bestimmte Wirkung hat.

- **Hormone** werden durch ein Reaktionssystem gesteuert. Das bedeutet, dass sie nur ausgeschüttet werden, wenn ihr Speicher den richtigen Impuls bekommt. Das kann durch einen chemischen Stoff im Blut odcr cin anderes Hormon geschehen.

- **Zu den wichtigsten Hormondrüsen** gehören Hirnanhangdrüse, Schilddrüse, Nebennierendrüsen,

▶ *In einem aufregenden Moment beschleunigt das Hormon Adrenalin Atmung und Herzschlag, es lässt die Haut schwitzen und die Augen sich weiten.*

Bauchspeicheldrüse, die Eierstöcke bei Frauen und die Hoden bei Männern.

- **In der Hirnanhangdrüse** werden viele wichtige Hormone gebildet, etwa solche, die das Wachstum steuern.

- **Adrenalin** wird von den Nebennieren ausgeschüttet, um den Körper in Aktionsbereitschaft zu versetzen.

- **Östrogen und Progesteron** sind weibliche Sexualhormone, die den Monatszyklus steuern.

- **Testosteron** ist ein männliches Sexualhormon.

▲ *Mit 45–55 Jahren hört der Körper einer Frau auf, einige weibliche Hormone zu produzieren.*

119

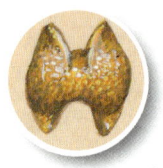

Die Schilddrüse

- **Die Schilddrüse** ist eine kleine Drüse etwa von der Größe zweier zusammengewachsener Kirschen. Sie liegt in der Vorderseite des Halses gleich unter dem Kehlkopf (siehe Atemwege und Stimmbänder).

- **Die Schilddrüse** schüttet drei wichtige Hormone aus: Trijodthyronin (T3), Thyroxin (T4) und Kalzitonin.

- **Die Schilddrüsenhormone** steuern die Stoffwechselgeschwindigkeit und bestimmen damit, wie energiegeladen ein Mensch ist.

▶ *Die Schilddrüse gehört zum Energiekontrollsystem des Körpers. Sie signalisiert den Körperzellen, schneller oder langsamer zu arbeiten, um den Körper zu heizen oder die Muskeln schwerer arbeiten zu lassen.*

120

> . . . FASZINIEREND! . . .
> Das Schilddrüsenhormon Kalzitonin
> reguliert den Kalziumgehalt des Blutes mit.

- **Die Stoffwechsel-geschwindigkeit** ist das Tempo, in dem die Körperzellen Glukose verbrauchen.

- **T3 und T4** regeln die Stoffwechselgeschwindigkeit, indem sie mit dem Blut zu den Zellen gelangen und diese anregen, mehr Glukose umzuwandeln.

- **Wenn die Schilddrüse** zu wenig T3 und T4 ausschüttet, wird man müde. Man friert, die Haut wird trocken und man nimmt zu.

- **Schüttet die Schilddrüse** zu viel T3 und T4 aus, wird man nervös und unruhig, man schwitzt und nimmt ab.

- **Ein Hormon**, das von der Hirn-anhangdrüse (siehe Gehirn) zur Schilddrüse geschickt wird, bestimmt, wie viel T3 und T4 ausgeschüttet werden.

- **Wenn der Spiegel** von T3 und T4 im Blut fällt, sendet die Hirn-anhangdrüse ein spezielles Hormon aus, das die Schild-drüse zu verstärkter Hormon-bildung anregt.

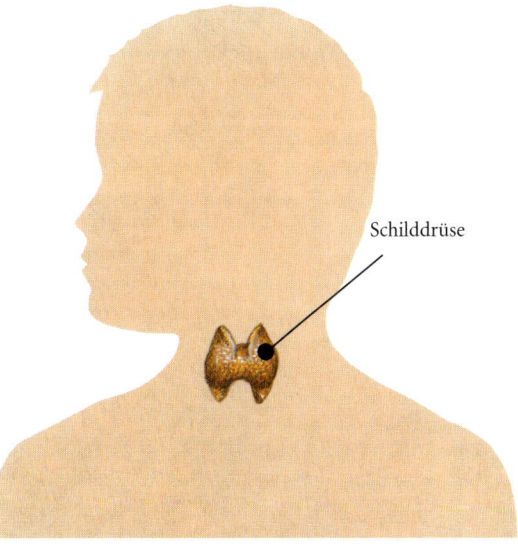

Schilddrüse

▲ *Die Schilddrüse hat etwa Größe und Form einer kleinen gebundenen Fliege, und sie sitzt auch an der gleichen Stelle.*

Sexualhormone

- **Die unterschiedliche körperliche** Entwicklung von Jungen und Mädchen wird durch Sexualhormone gesteuert.

- **Sexualhormone** steuern die Entwicklung der primären und sekundären Geschlechtsmerkmale und aller anderen Voraussetzungen für die Fortpflanzung, etwa die Bildung von Spermien und Eizellen.

- **Primäre Geschlechtsmerkmale** sind von Geburt an vorhanden, z. B. die Geschlechtsorgane.

- **Sekundäre Geschlechtsmerkmale** entwickeln sich erst später, z. B. der Bartwuchs bei Männern.

- **Es gibt drei Haupttypen** von Geschlechtshormonen: Androgene, Östrogen und Progesteron.

▶ *Sexualhormone steuern die Entwicklung vom Mädchen zur Frau.*

▶ *Das männliche Sexualhormon Testosteron ist für den Bartwuchs verantwortlich.*

- **Androgene** sind männliche Geschlechtshormone, z.B. Testosteron. Es löst Veränderungen am Körper eines Jungen aus – Bartwuchs, die tiefere Stimme, das Wachstum des Penis.

- **Östrogen** ist ein weibliches Hormon, das hauptsächlich in den Eierstöcken gebildet wird. Es bewirkt nicht nur die Entwicklung der Geschlechtsorgane, sondern steuert auch den Menstruationszyklus.

- **Progesteron** ist das weibliche Hormon, dass jeden Monat die Gebärmutter einer Frau für eine Schwangerschaft vorbereitet.

- **Einige Anti-Baby-Pillen** enthalten Östrogen, um zu verhindern, dass die Eierstöcke Eizellen reifen lassen. Die Eier sind alle schon bei der Geburt vorhanden.

> . . . **FASZINIEREND!** . . .
> Jungen produzieren auch weibliche Hormone.
> Normalerweise bleiben sie aber ohne Wirkung.

Das Auge

- **Das Auge** ist eine zähe Kugel mit einer geleeartigen Füllung, dem Glaskörper.

- **Die Hornhaut** ist eine dünne, durchsichtige Schicht auf der Vorderseite des Auges. Sie lässt Licht durch die Pupille, eine Öffnung im Auge, und durch die Linse fallen.

- **Die Iris** ist ein farbiger Muskelring rund um die Pupille. Sie zieht sich bei hellem Licht zusammen und entspannt sich bei schwachem Licht.

- **Die Linse** liegt direkt hinter der Pupille. Sie bildet das, was man anschaut, im hinteren Bereich des Auges ab.

- **Der Augenhintergrund** ist mit Millionen lichtempfindlicher Zellen bedeckt. Diese Schicht nennt man Netzhaut (Retina). Sie fängt das Bild auf und sendet es über den Sehnerv ans Gehirn.

- **Auf der Netzhaut** liegen zwei Arten lichtempfindlicher Zellen: Stäbchen und Zäpfchen. Die Stäbchen arbeiten auch bei schwachem Licht, können aber keine Farben erkennen. Die Zäpfchen dienen der Farberkennung.

- **Manche Zäpfchen** sind sehr empfindlich für rotes Licht, andere für grünes oder blaues. Eine Theorie besagt, dass unser Farbensehen davon abhängt, welche dieser drei Zäpfchenarten angesprochen werden (siehe Farbensehen).

- **Jedes Auge** sieht ein etwas anderes Bild der Welt. Das Gehirn verbindet diese beiden Bilder, sodass das Gesamtbild dreidimensional erscheint.

- **Obwohl die beiden Augen** etwas unterschiedliche Bilder vermitteln, sehen wir oft nur das, was uns ein Auge zeigt. Meist ist das rechte Auge dominant.

> ... FASZINIEREND! ...
> Das Bild, das auf der Netzhaut erscheint, steht
> auf dem Kopf und ist nur wenige Millimeter groß.

optisches Chiasma im Gehirn, wo die
Signale beider Augen einander überkreuzen

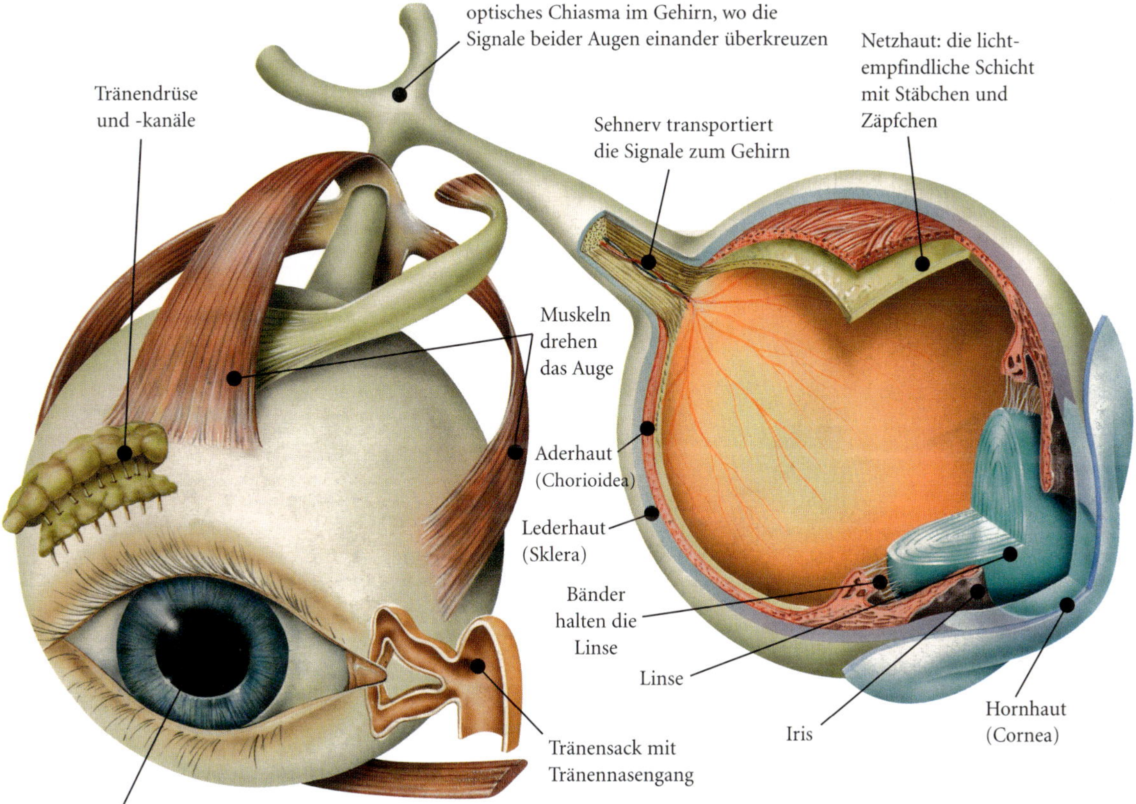

Netzhaut: die licht-
empfindliche Schicht
mit Stäbchen und
Zäpfchen

Tränendrüse
und -kanäle

Sehnerv transportiert
die Signale zum Gehirn

Muskeln
drehen
das Auge

Aderhaut
(Chorioidea)

Lederhaut
(Sklera)

Bänder
halten die
Linse

Linse

Tränensack mit
Tränennasengang

Iris

Hornhaut
(Cornea)

Pupille

▲ *Die Zeichnung zeigt die beiden Augäpfel. Im Querschnitt
erkennt man die Hornhaut, die Linse, die durch die Pupille ein-
tretende Lichtstrahlen projiziert, und die lichtempfindliche
Netzhaut, die das Bild aufzeichnet.*

125

Farben sehen

▲ *Die farbempfindlichen Zäpfchen auf der Netzhaut ermöglichen es, Farben zu sehen.*

● **Das Farbensehen** ermöglichen spezielle Zellen im Auge, die Zäpfchen.

● **Die Zäpfchen** arbeiten bei schwachem Licht nur schlecht, darum sieht in der Dämmerung alles grau aus.

● **Manche Zäpfchen** sind empfindlich für rotes Licht, grünes oder blaues.

● **Die alte Drei-Farben-Theorie** besagt, dass das Gehirn Farben erkennt, indem es die Signale von den drei Zäpfchenarten – rot, gelb und blau – vergleicht.

126

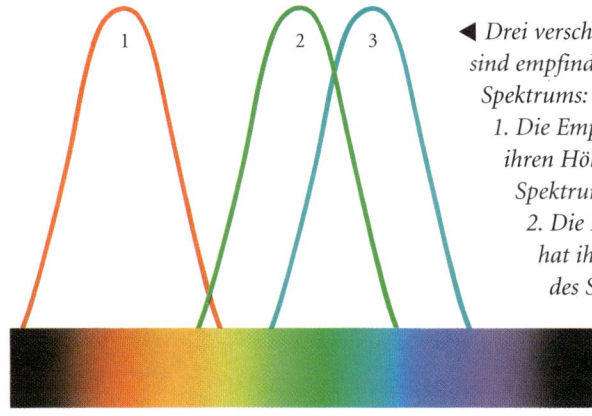

◄ *Drei verschiedene Arten von Zäpfchen im Auge sind empfindlich für unterschiedliche Bereiche des Spektrums:*

1. Die Empfindlichkeit der roten Zäpfchen hat ihren Höhepunkt im roten Bereich des Spektrums.

2. Die Empfindlichkeit der grünen Zäpfchen hat ihren Höhepunkt im grünen Bereich des Spektrums.

3. Die Empfindlichkeit der blauen Zäpfchen hat ihren Höhepunkt im blauen Bereich des Spektrums.

Spektrum des weißen Lichts

- **Farben** wie Gold und Silber kann die Drei-Farben-Theorie nicht erklären.

- **Die Komplementär-Theorie** besagt, dass wir Farben in Gegensatzpaaren wahrnehmen, etwa blau und gelb, rot und grün.

- **Man nimmt an**, dass ein hoher Anteil an blauem Licht die Wahrnehmung des gelben Lichts einschränkt und umgekehrt. Ebenso schränkt viel rotes Licht die Wahrnehmung von grünem ein und umgekehrt.

- **Heute verbinden** Forscher die beiden Theorien. Sie meinen, dass die Farbsignale von den Zäpfchen im Gehirn in Form von Gegensatzpaaren ausgewertet werden.

- **Ultraviolettes Licht** hat sehr kurze Wellen. Menschen können es nicht sehen, wohl aber einige Vögel und Insekten.

> . . . **FASZINIEREND!** . . .
> Auf der Netzhaut eines Auges liegen mehr als 5 Millionen Zapfchen zur Farberkennung.

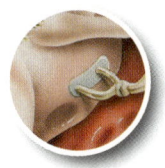

Das Ohr

- **Die Ohrmuschel**, also das äußere Ohr, dient nur dazu, Geräusche „einzufangen" und ins Mittelohr zu leiten.

- **Innerhalb des Kopfes** trifft der Schall auf das Trommelfell, eine dünne, feste Haut, und versetzt es in Schwingungen.

- **Durch die Schwingung** des Trommelfells geraten die drei Gehörknöchelchen im Mittelohr in Bewegung. Es sind die kleinsten Knochen des Körpers.

- **Die drei Knochen** heißen Hammer, Amboss und Steigbügel.

- **Die drei kleinen Knochen** setzen das ovale Fenster in Bewegung, eine winzige Membran. Dadurch wird die Schwingung verstärkt.

- **Das ovale Fenster** ist 30-mal kleiner als das Trommelfell.

- **Hinter dem ovalen Fenster** liegt die Schnecke im Innenohr. Sie besteht aus drei mit Flüssigkeit gefüllten, aufgerollten Röhren.

- **In der mittleren Röhre** befindet sich eine Klappe, die viele Reihen winziger Härchen bedeckt. Dies sind die Sinneszellen des Hörorgans, das Corti-Organ.

- **Wenn ein Geräusch** das Trommelfell zum Schwingen bringt, klopfen die Knöchelchen gegen das ovale Fenster und erzeugen Druckwellen, die sich in der Flüssigkeit der Ohrschnecke fortsetzen und die Klappe des Corti-Organs auf und ab bewegen.

- **Bewegt sich das Corti-Organ**, zieht die Klappe an den feinen Härchen. Diese senden dann über den Gehörnerv Signale ans Gehirn: Man hört etwas.

▼ *Der größte Teil des Ohrs ist im Kopf versteckt. Es ist erstaunlich kompliziert und fein gebaut, um all die unterschiedlichen Variationen des Luftdrucks aufzufangen, die durch Geräusche entstehen.*

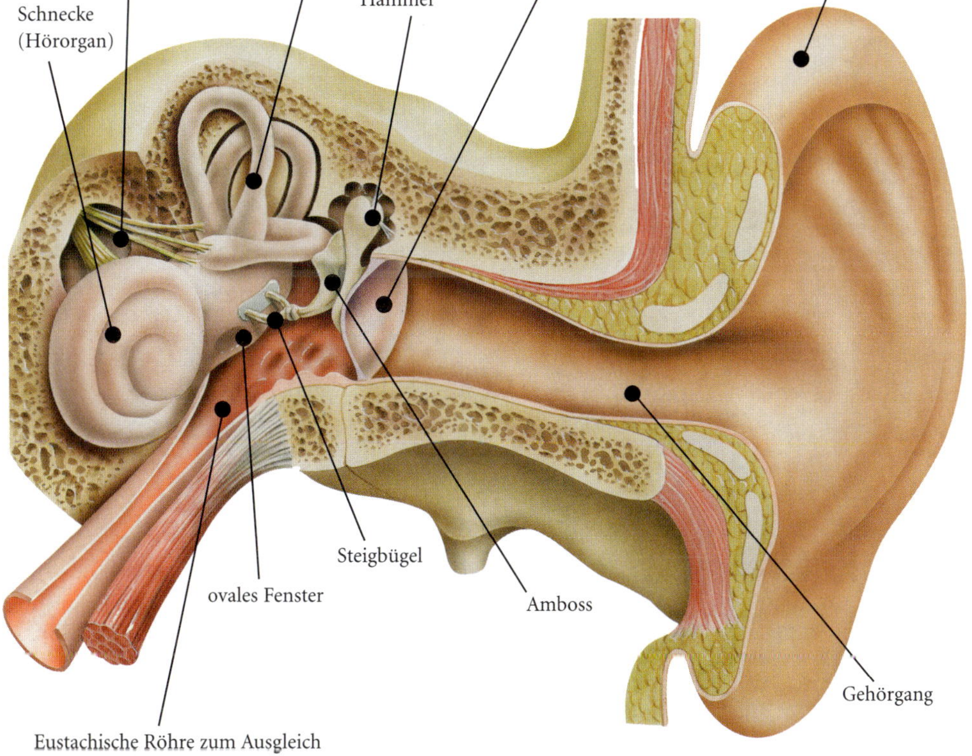

Hörnerv

Labyrinth (Gleichgewichts-organ) aus halbkreis-förmigen Kanälchen, gefüllt mit Flüssigkeit

Hammer

Trommelfell

Ohrmuschel

Schnecke (Hörorgan)

Steigbügel

ovales Fenster

Amboss

Gehörgang

Eustachische Röhre zum Ausgleich des Luftdrucks, Verbindung vom Mittelohr zum Mundraum

129

Gleichgewicht

- **Um aufrecht zu bleiben**, muss der Körper ständig Informationen über seine Haltung an das Gehirn senden. Und das Gehirn muss dem Körper ständig sagen, wie er das Gleichgewicht halten soll.

- **Das Gleichgewicht** wird in verschiedenen Teilen des Gehirns gesteuert, u.a. im Kleinhirn.

- **Das Gehirn** bekommt aus verschiedenen Quellen Auskunft über die Haltung: die Augen, Propriorezeptoren am Körper sowie die Bogengänge und andere Hohlräume im Innenohr.

- **Propriorezeptoren** sind Empfangs-Sensoren in

▶ *Beim Balancieren hilft es, die Augen fest auf einen Punkt zu richten, damit das Gehirn nicht abgelenkt oder verwirrt wird.*

▲ Nach einer Fahrt in der Achterbahn fühlt man sich schwindelig, weil die Flüssigkeit im Gleichgewichtsorgan noch einen Moment lang in Bewegung bleibt.

der Haut, den Muskeln und Gelenken (siehe Koordination).

● **Die Bogengänge** sind drei winzige, mit Flüssigkeit gefüllte Kanäle im Innenohr (siehe Ohr).

● **Zwei Kammern**, Utriculus und Sacculus genannt, sind mit den Bogengängen verbunden.

● **Wenn man** den Kopf bewegt, neigt sich die Flüssigkeit in den Kanälen und Höhlen leicht, zieht dabei an feinen Härchen und signalisiert so dem Gehirn die Bewegung.

● **Die Kanälchen** informieren das Gehirn z. B. über Nicken, Kopfschütteln und die Bewegungsrichtung des Menschen.

● **Utriculus und Sacculus** melden, ob der Kopf geneigt ist und ob seine Bewegung langsamer oder schneller wird.

131

Der Geruchssinn

- **Gerüche** sind Moleküle, die in der Atemluft enthalten sind. Die Nase kann einen bestimmten Geruch auch dann erkennen, wenn nur ein einziges Geruchsmolekül unter Millionen von Luftmolekülen vorhanden ist.

- **Die menschliche Nase** kann mehr als 10 000 verschiedene Gerüche unterscheiden.

- **Hunde** können 10 000-fach schwächere Gerüche als Menschen wahrnehmen.

- **In der Nase** werden die Duftmoleküle an der Riechschleimhaut oder olfaktorischen Schleimhaut aufgefangen.

- **Olfaktorisch** heißt „auf den Geruchssinn bezogen".

▲ *Geruchswahrnehmung und Emotionen liegen im Gehirn nahe beieinander. Darum können Parfüms Gefühle und Stimmungen auslösen.*

- **Die Riechschleimhaut** enthält 25 Millionen Rezeptorzellen (Empfänger).

- **Jede Rezeptorzelle** der Riechschleimhaut ist mit etwa 20 feinen Sinneshärchen besetzt, die Gerüche erkennen.

- **Fangen die Härchen** Geruchsmoleküle ein, senden sie ein Signal an eine Nervenballung, das olfaktorische Zentrum. Dies gibt dann über den Riechnerv die Meldung an das Gehirn weiter.

- **Der Teil des Gehirns**, der Gerüche verarbeitet, ist eng mit dem Gedächtnis und den Emotionen verknüpft. Vielleicht lösen darum bestimmte Gerüche manchmal so lebhafte Erinnerungen aus.

- **Im Alter von 20 Jahren** hat ein Mensch 20 % seiner Riechfähigkeit verloren, im Alter von 60 Jahren schon 60 %.

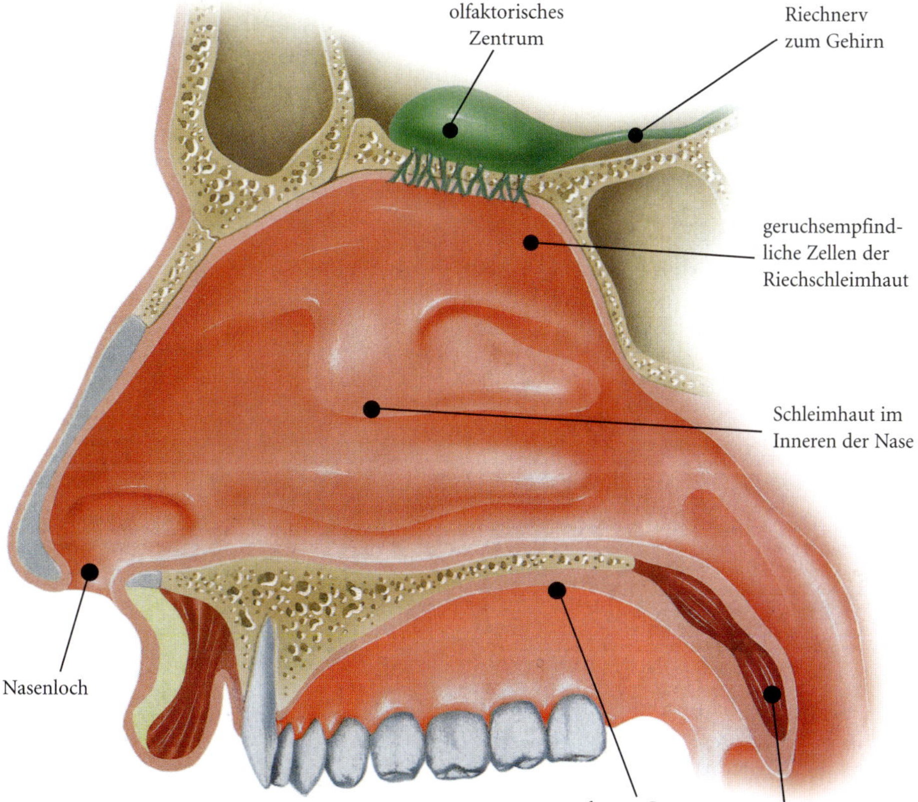

olfaktorisches
Zentrum

Riechnerv
zum Gehirn

geruchsempfind-
liche Zellen der
Riechschleimhaut

Schleimhaut im
Inneren der Nase

Nasenloch

harter Gaumen

weicher Gaumen

▲ *Die Duftpartikel lösen sich auf der Schleimhaut auf. Die Zellen im oberen Bereich der Nase
senden dann über den Riechnerv ein Signal in
einen bestimmten Bereich des Gehirns.*

133

Der Geschmackssinn

![Der Junge mit oranger Mütze, der Eis isst]

▲ *Die Zunge erkennt, wie das Eis schmeckt, aber auch, dass es kalt und glatt ist.*

- **Der Geschmackssinn** ist derjenige unserer fünf Sinne, der uns am wenigsten Information über die Welt liefert.

- **Er wird** durch bestimmte Chemikalien in der Nahrung angesprochen, die sich im Speichel auflösen. Dann sendet er über Nervenzellen auf der Zunge Signale an das Gehirn.

▶ *Bestimmte Bereiche sind auf einzelne Geschmacksrichtungen spezialisiert.*

- **Geschmacksknospen** sind Rezeptorzellen, die rings um kleine Erhebungen (Papillen) auf der Zunge angeordnet sind.

- **Die Geschmacksknospen** können nur vier Geschmäcker unterscheiden: süß, sauer, salzig und bitter.

- **Der hintere**, wie ein umgekehrtes V geformte Teil der Zunge ist mit großen, runden Papillen besetzt, die den bitteren Geschmack erkennen.

- **Die Papillen** im vorderen Bereich der Zunge haben eine Pilzform oder eine Fadenform und tragen Geschmacksknospen, die süß, sauer und salzig erkennen.

sauer

bitter

salzig

süß

- **Die Zunge** erspürt auch Temperatur und Konsistenz von Speisen.

- **Der Geschmackssinn** arbeitet eng mit dem Geruchssinn zusammen. Darum können wir so viele Lebensmittel voneinander unterscheiden.

- **Sehr scharfe Gewürze** nehmen wir weniger mit dem Geschmackssinn wahr, sondern mit den schmerzempfindlichen Nervenenden der Zunge.

- **Manche Menschen**, z.B. Tee- und Weinverkoster, haben gelernt, besonders viele Geschmacks- und Geruchsfeinheiten zu unterscheiden.

Der Tastsinn

- **Berührung** ist nur *ein* Gespür, das die Haut überall am Körper wahrnehmen kann. Die anderen vier sind Druck, Schmerz, Wärme und Kälte.

- **Überall in der Haut** liegen Rezeptoren. Im Gesicht befinden sich mehr als beispielsweise am Rücken.

- **Die Haut** enthält mehr als 200 000 Rezeptoren für Wärme und Kälte, dazu 500 000 Rezeptoren für Berührung und Druck sowie fast 3 Millionen Rezeptoren für Schmerz.

- **Freie Nervenenden** ähneln abisolierten Kabelenden. Sie reagieren auf alle fünf Wahrnehmungen und sind fast überall in der Haut zu finden.

- **Bestimmte Rezeptoren** sind nach ihren Entdeckern benannt (siehe nächste Seite):

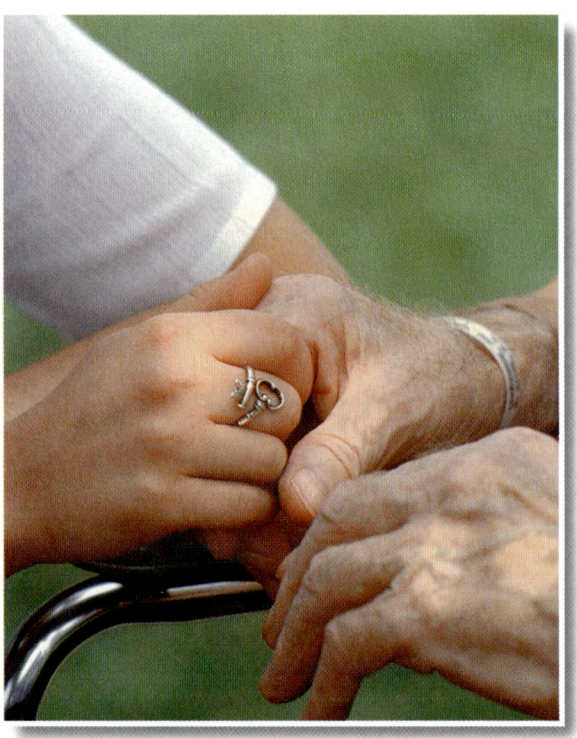

▲ *In den Fingerspitzen ist der Tastsinn besonders ausgeprägt.*

...FASZINIEREND!...
Die Stärke einer Berührung erkennt das Gehirn daran, wie schnell die Nervensignale eintreffen.

136

▲ *Wenn wir größer werden, lernen wir immer mehr Dinge durch den Tastsinn zu erkennen.*

- **Pacinische Lamellenkörperchen** und Meissner-Körperchen reagieren sofort auf plötzlichen Druck.

- **Krausesche Endkolben,** Merkel-Tastscheiben und Ruffini-Körperchen reagieren auf beständigen Druck.

- **Krausesche Endkolben** nehmen auch Kälte wahr.

- **Ruffini-Körperchen** reagieren auch auf Temperaturveränderungen.

Koordination

![Ballett und Tanz verlangen Gleichgewichtsgefühl und Koordination.]

▲ *Ballett und Tanz verlangen Gleichgewichtsgefühl und Koordination.*

● **Koordination** bedeutet ausgewogene und geschickte Bewegung.

● **Um Bewegungen zu steuern**, sendet das Gehirn über die Nerven Signale an die Muskeln und befiehlt ihnen genau, was sie tun sollen.

● **Für die Koordination** der Muskeln ist das Kleinhirn im hinteren Teil des Schädels zuständig (siehe Gehirn).

- **Das Kleinhirn** bekommt seine Befehle von der motorischen Hirnrinde (siehe Hirnrinde).

- **Das Kleinhirn** sendet Signale über das Basalganglion in der Gehirnmitte.

- **Propriorezeptoren** sind Nervenzellen, die auf Bewegung, Druck oder Streckung reagieren. Wörtlich übersetzt sind Propriorezeptoren „Selbstwahrnehmer".

- **Propriorezeptoren** gibt es überall im Körper – in Muskeln, Sehnen und Gelenken. Sie melden dem Gehirn, in welcher Position sich die Körperteile gerade befinden.

- **Die Haarzellen** in den Gleichgewichtsorganen im Innenohr sind ebenfalls Propriorezeptoren (siehe Gleichgewicht).

▲ *Ballspiele verlangen eine gute Muskelkoordination, die auf sehr schnellen Befehlen vom Gehirn beruht.*

> **. . . FASZINIEREND! . . .**
> Dank der Propriorezeptoren können sich die Fingerspitzen hinter dem Rücken berühren.

139

Das Nervensystem

- **Das Nervensystem** ist das Steuerungs- und Kommunikationssystem des Körpers. Es besteht aus dem Gehirn und den Nerven. Nerven sind die Datenleitungen des Körpers, die ständig Befehle vom Gehirn zu allen Organen und Muskeln befördern. Gleichzeitig übermitteln sie dem Gehirn Nachrichten darüber, was innerhalb und außerhalb des Körpers vor sich geht.

▲ *Das Nervensystem einer Spinne besteht aus etwa 100 000 Nervenzellen, das eines Menschen aus etwa 60 Milliarden.*

- **Das zentrale Nervensystem** (ZNS) besteht aus Gehirn und Rückenmark (siehe Zentrales Nervensystem).

- **Das periphere Nervensystem** (PNS) besteht aus den Nerven, die vom ZNS ausgehen und ein verzweigtes Netzwerk im Körper bilden.

- **Die Hauptzweige** des PNS sind die 12 Hirnnerven im Kopf und die 31 Spinalnervenpaare, die vom Rückenmark ausgehen.

- **Die Nerven** des PNS bestehen aus langen Bündeln von Nervenfastern, die wiederum aus langen Strängen von Nervenzellen bestehen. Sie sind gebündelt wie die Adern eines Telefonkabels.

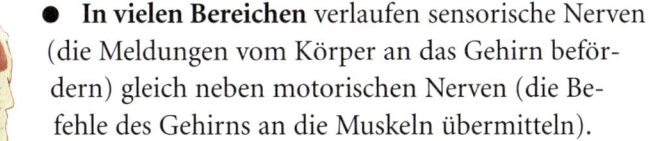

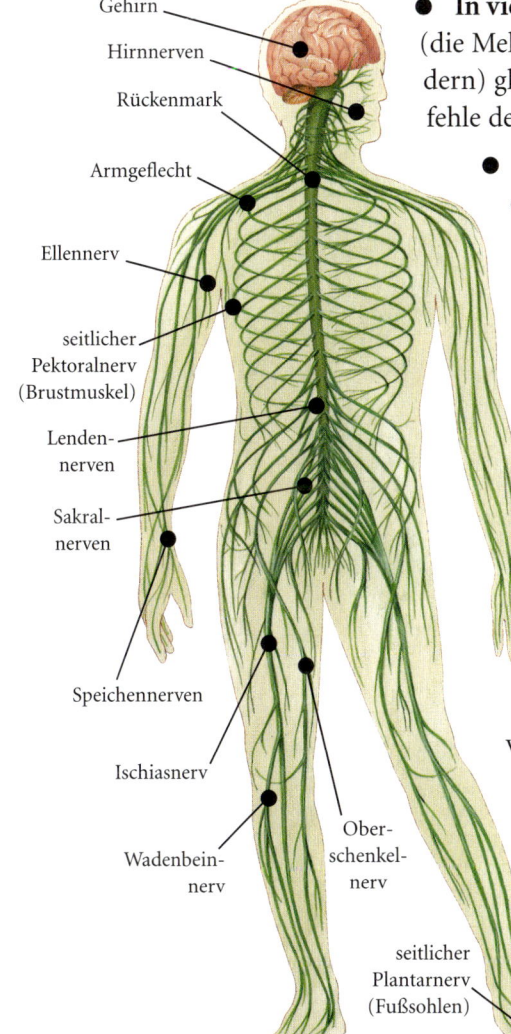

Gehirn

Hirnnerven

Rückenmark

Armgeflecht

Ellennerv

seitlicher
Pektoralnerv
(Brustmuskel)

Lenden-
nerven

Sakral-
nerven

Speichennerven

Ischiasnerv

Wadenbein-
nerv

Ober-
schenkel-
nerv

seitlicher
Plantarnerv
(Fußsohlen)

● **In vielen Bereichen** verlaufen sensorische Nerven (die Meldungen vom Körper an das Gehirn befördern) gleich neben motorischen Nerven (die Befehle des Gehirns an die Muskeln übermitteln).

● **Manche Nerven** des PNS sind so dick wie ein Daumen. Der längste von ihnen ist der Ischiasnerv, der vom Ende des Rückenmarks bis zum Knie verläuft.

● **Das vegetative Nervensystem** (VNS) ist das dritte System des Körpers. Es steuert alle automatisch ablaufenden Körperprozesse, etwa die Atmung, ohne dass man sich dessen bewusst ist.

● **Das VNS** besteht aus zwei sich ergänzenden Teilen, dem Sympathikus und dem Parasympathikus. Der Sympathikus beschleunigt Körpervorgänge, wenn es erforderlich ist, z. B. unter Stress. Der Parasympathikus verlangsamt sie.

◀ *Das Nervensystem ist ein unglaublich fein verzweigtes Netzwerk von Nerven, das das Gehirn mit allen Körperteilen verbindet. Die Nerven des PNS verzweigen sich vom ZNS (Gehirn und Rückenmark) bis in alle Gliedmaßen und Organe.*

Nervenzellen

Dendrit

Axon

Myelinscheide

Zellkörper

Zellkern

Axon-
Endigungen

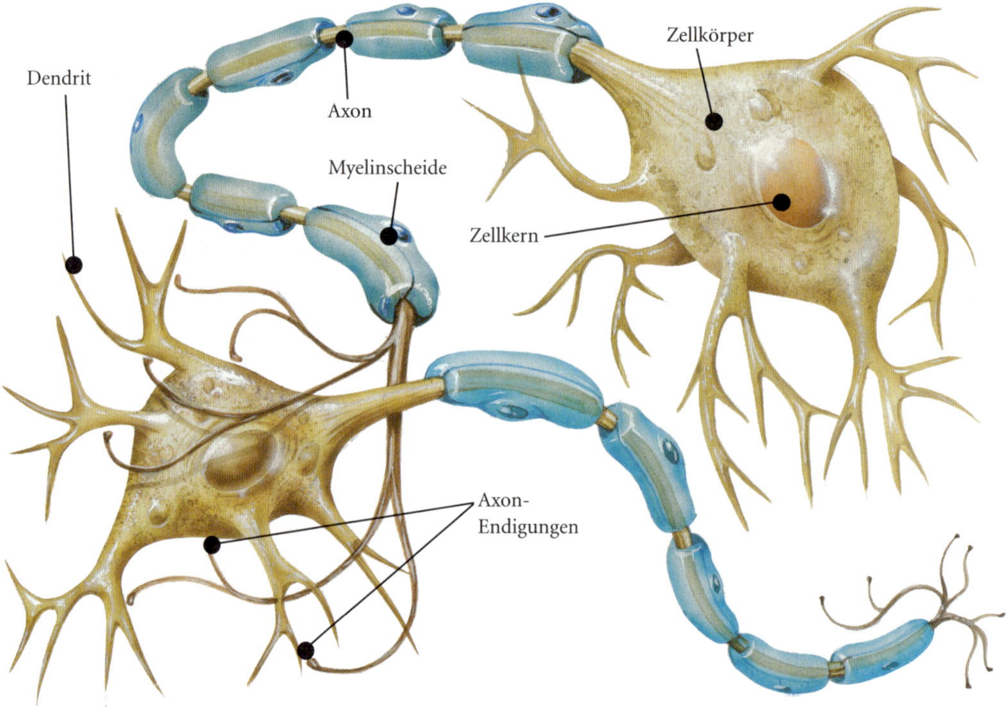

▲ *Nervenzellen oder Neuronen bilden die "Leitungen" des Nervensystems. Über feine Leitungen, Dendriten genannt, befördern sie Signale zum zentralen Nervensystem hin, von ihm weg und innerhalb des ZNS.*

● **Nerven** bestehen aus ganz speziellen Zellen, den Neuronen.

● **Neuronen** sind spinnenförmige Zellen mit einem Kern in der Mitte, vielen verzweigten Ästen (den Dendriten) und einem gewundenen „Schwanz", (Axon), der bis zu 1 Meter lang werden kann.

- **Die Enden** der Nervenfasern treffen auf die Dendriten oder Zellkörper anderer Neuronen.

- **Das Nervensystem** besteht aus vielen Neuronen, die wie Perlen einer Kette verbunden sind.

- **Die meisten Zellen** sind kurzlebig und werden durch neue ersetzt. Neuronen aber leben sehr lange. Manche werden nach der Geburt nie wieder ersetzt.

- **Die Nervensignale** sind elektrische Impulse, die nur etwa 0,001 Sek. andauern.

- **Nerven** im Ruhezustand sind außen von Natriumionen mit positiver Ladung umgeben. Im Inneren enthalten sie zusätzliche negativ geladene Ionen.

- **Wenn ein Nerv** ein Signal sendet, öffnen sich in den Zellwänden winzige Tore und die positiven Ionen dringen ein, angezogen von den negativen im Inneren. Dadurch entsteht ein elektrischer Impuls.

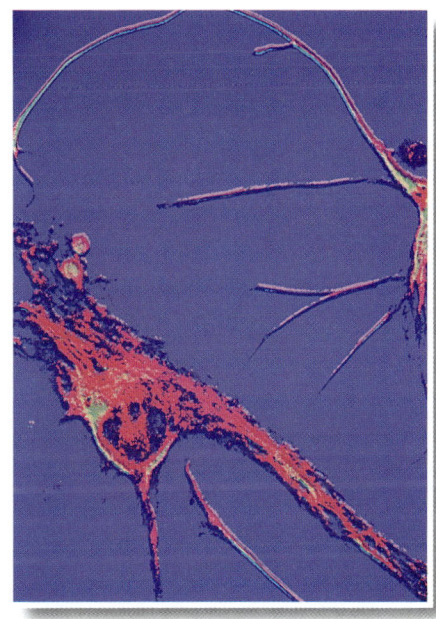

▲ *Solche winzigen Nervenzellen machte zum ersten Mal der italienische Forscher Camillo Golgi im Jahre 1870 sichtbar, indem er sie mit Silbernitrat einfärbte.*

- **Sehr lange Nerven** sind von einer fetthaltigen Markhülle umgeben (Myelin), damit das Signal unterwegs nicht an Stärke verliert.

- **Nerven** mit Myelinscheide befördern Signale mit mehr als 100 Metern pro Sekunde (m/s). Normale Nerven übertragen Signale mit 1–2 m/s.

Synapsen

◀ *Stimmungs-schwankungen können entstehen, wenn der Neuro-transmitter Sero-tonin in unserem Nervensystem aus dem Gleichge-wicht geraten ist.*

- **Synapsen** sind winzige Lücken zwischen den Nervenzellen.

- **Wenn ein Nervensignal** von einer Nervenzelle zur anderen gelangt, muss es über diese Lücke durch Chemikalien transportiert werden, die man Neuro-transmitter nennt.

- **Wenn ein Nervensignal** ankommt, werden kleine Mengen eines Neurotrans-mitters in der Synapse ausgeschüttet.

- **Wenn die Neurotransmitter-Tröpfchen** an den Rezeptoren des empfangen-den Nervs ankommen, leiten sie das Nervensignal weiter.

- **Die Rezeptoren** an jedem Nervenende reagieren nur auf ganz bestimmte Neurotransmitter. Andere bleiben wirkungslos.

- **Manchmal** müssen mehrere Signale ankommen, ehe ein Neurotransmitter aktiv wird, um den Empfangsnerv zu aktivieren.

- **Bis heute** hat man mehr als 40 Neurotransmitter entdeckt.

- **Dopamin** nennt man einen Neurotransmitter, der in dem Gehirnbereich aktiv ist, wo Bewegung und Lernen gesteuert wird. Die Parkinson'sche Krankheit ist durch Dopaminmangel gekennzeichnet.

- **Serotonin** ist ein Neurotransmitter, der mit Schlafen und Aufwachen zu tun hat, aber auch mit unseren Stimmungen.

- **Azetylcholin** ist ein Neurotransmitter, der vermutlich mit dem Erinnerungsvermögen zu tun hat, aber auch mit den Nerven, die die Muskelbewegung steuern.

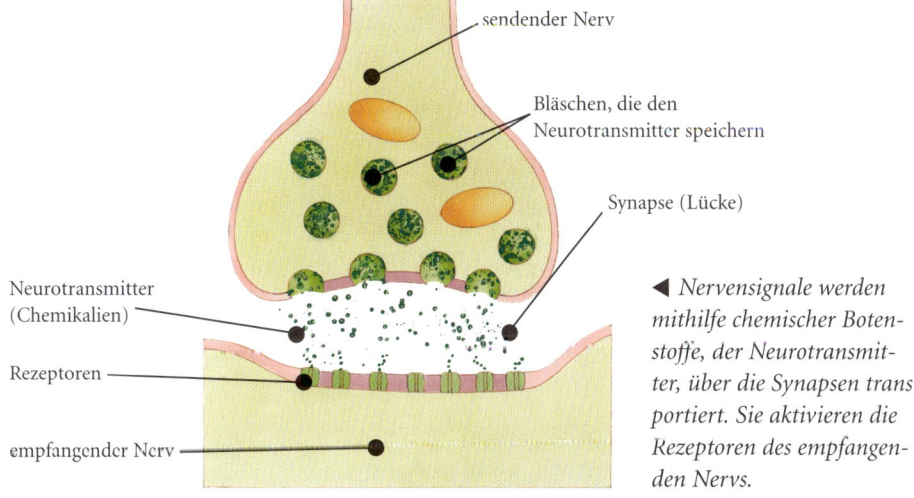

sendender Nerv

Bläschen, die den Neurotransmitter speichern

Synapse (Lücke)

Neurotransmitter (Chemikalien)

Rezeptoren

empfangender Nerv

◀ *Nervensignale werden mithilfe chemischer Botenstoffe, der Neurotransmitter, über die Synapsen transportiert. Sie aktivieren die Rezeptoren des empfangenden Nervs.*

145

Sensorische Nerven

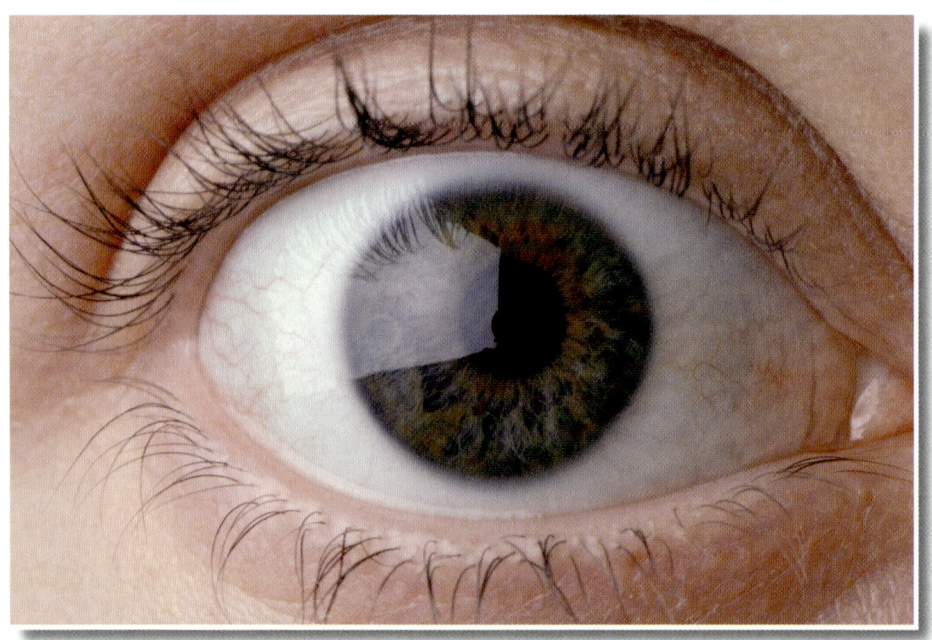

▲ *Die Augen sind für uns Menschen das wichtigste Sinnesorgan.*

● **Sensorische Nerven** (Empfindungsnerven) transportieren Signale von Rezeptoren in allen Teilen des Körpers zum Gehirn.

● **Jeder Sinnesrezeptor** ist durch einen sensorischen Nerv mit dem Gehirn verbunden.

● **Die meisten sensorischen Nerven** übermitteln ihre Signale an den somato-sensorischen Kortex, einen Streifen am oberen Rand des Gehirns, wo die Sinneswahrnehmungen ausgewertet werden (siehe Hirnrinde).

● **Dicke Bündel** aus sensorischen Nervenzellen bilden die Nerven, die unsere

▶ *Viele angenehme Wahrneh-mungen wie Streicheln oder liebevolles Drücken werden über sensorische Nerven ans Gehirn gesandt.*

wichtigsten Sinnesorga-ne wie Augen, Ohren und Nase mit dem Ge-hirn verbinden.

- **Die Augen** sind über den Sehnerv mit dem Gehirn verbunden.

- **Die Ohren** sind über den Hörnerv mit dem Gehirn verbunden.

- **Die Nase** ist über den Riechnerv mit dem Gehirn verbunden.

- **Der längste Nerv** des Körpers ist der Ischias-nerv, der in jedes Bein führt. Der lateinische Name bedeutet „Schmerz im Oberschenkel".

- **Die Stärke** einer Wahrnehmung kann man an der Geschwindigkeit ablesen, mit der die Nervenfasern das Signal weiterleiten. Allerdings verlangsamt sich das Signal auf seinem Weg zum Gehirn.

147

- **Motorische Nerven** sind mit den Muskeln verbunden und übermitteln die Befehle zur Bewegung.

- **In jedem großen Muskel** befinden sich viele motorische Nervenendigungen, die ihm das Signal zum Anspannen geben.

- **Im oberen Bereich** des Rückenmarks wechseln die motorischen Nerven der beiden Körperhälften die Seiten: Befehle aus der linken Gehirnhälfte werden in die rechte Körperhälfte gesandt und umgekehrt.

- **Jeder motorische Nerv** ist einem Propriorezeptor am Muskel und seinen Sehnen zugeordnet (siehe Koordination). Er meldet dem Gehirn, ob der Muskel gespannt oder entspannt ist.

- **Nimmt die Spannung** einer Sehne zu, schickt der Propriorezeptor ein Signal ans Gehirn. Das Gehirn verändert das motorische Signal und somit die Muskelanspannung.

- **Motorische Nervensignale** werden in der motorischen Hirnrinde erzeugt (siehe Hirnrinde).

- **Alle motorischen Nerven** – außer denen im Kopf – zweigen vom Rückenmark ab.

- **Im Darmbereich** liegen keine motorischen Nervenendigungen, aber viele sensorische. Man kann den Bereich fühlen, aber nicht willentlich bewegen.

- **Im Rachen** dagegen liegen motorische Nervenendigungen, aber nur wenige sensorische. Du kannst den Bereich kaum fühlen, wohl aber seine Muskeln bewegen.

◄ *Die motorischen Nerven senden Signale an die Muskeln, die sich dann bewegen, um den Ball zu schlagen.*

149

Zentrales Nervensystem

- **Das zentrale Nervensystem** (ZNS) besteht aus dem Gehirn und dem Rückenmark – den Nerven in der Wirbelsäule.

- **Das ZNS** enthält Milliarden von dicht gepackten Interneuronen. Das sind Nervenzellen mit sehr kurzen Verbindungen (siehe Nervenzellen).

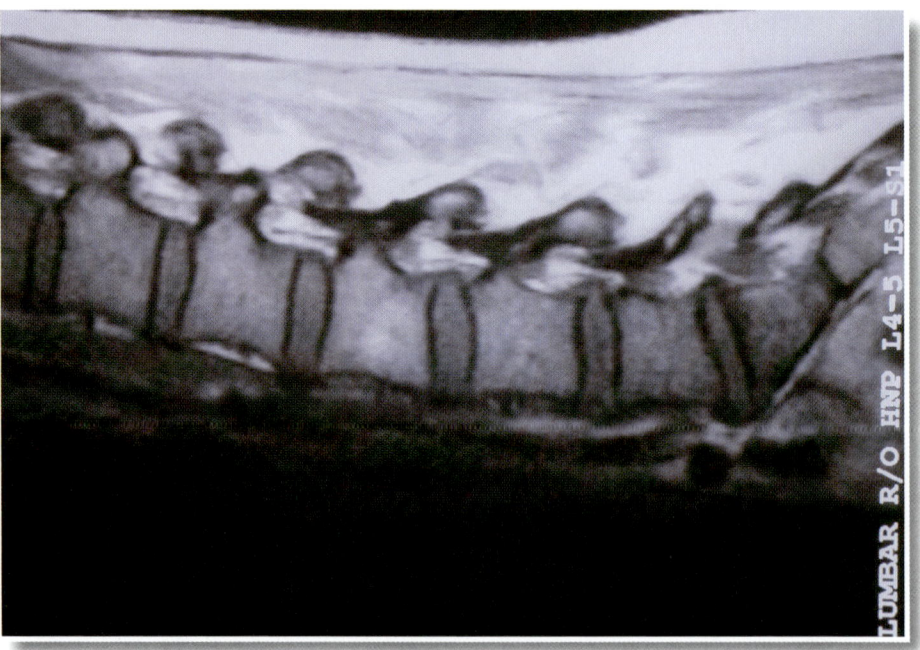

▲ *Auf dieser Computertomographie sieht man das Rückenmark im Inneren der Wirbelsäule, das zusammen mit dem Gehirn das zentrale Nervensystem bildet.*

> **...FASZINIEREND!...**
> Das ZNS sendet Signale an mehr als
> 640 Muskeln im ganzen Körper.

Gehirn

Rückenmark

Thoraxnerven

Zervikalnerven

Lumbal-
nerven

Sakralnerven

▲ *Die Spinalnerven zweigen
paarweise zu beiden Seiten
vom Rückenmark ab. Sie sind
in vier Gruppen angeordnet.
Jeweils ein Paar liegt zwischen
zwei benachbarten Wirbeln,
von denen es 32 gibt.*

- **Zum Schutz** vor Beschädigungen ist das ZNS von einer Flüssigkeit umgeben, die man auch Rückenmarksflüssigkeit nennt.

- **86 Hauptnerven** zweigen vom ZNS ab.

- **Es gibt 12 Paar** Hirnnerven und 31 Spinalnervenpaare.

- **Hirnnerven** nennt man die 12 Nervenpaare, die im Bereich des Gehirns abzweigen.

- **Spinalnerven** sind die 31 Nervenpaare, die im Bereich des Rückenmarks vom ZNS abzweigen.

- **Die Spinalnerven** bestehen aus 8 Paaren Zervikalnerven (Hals und Nacken), 12 Paaren Thoraxnerven (Brust), 5 Paaren Lumbalnerven (Lenden), 5 Paaren Sakralnerven (Kreuzbein) und einem Paar Coccygeus-Nerven (Steißbein).

- **Viele Spinalnerven** verzweigen sich kurz hinter dem Rückenmark vielfach weiter. Ein Nervengeflecht nennt man Plexus.

151

Das Rückenmark

- **Das Rückenmark** ist ein dickes Nervenbündel, das in der Mitte der Wirbelsäule verläuft.

- **Das Rückenmark** ist die wichtigste Leitung für alle Nervensignale zwischen Gehirn und Körper.

- **Das Rückenmark** kann auch unabhängig vom Gehirn arbeiten und direkt Signale an die Muskeln geben.

- **Der äußere Teil** des Rückenmarks besteht aus den Enden der Nervenzellen und wird weiße Substanz genannt. Die graue Substanz im Inneren besteht aus Zellkörpern.

- **Das Rückenmark** ist etwa 43 cm lang und 1 cm dick. Es hört auf zu wachsen, wenn ein Mensch etwa 5 Jahre alt ist.

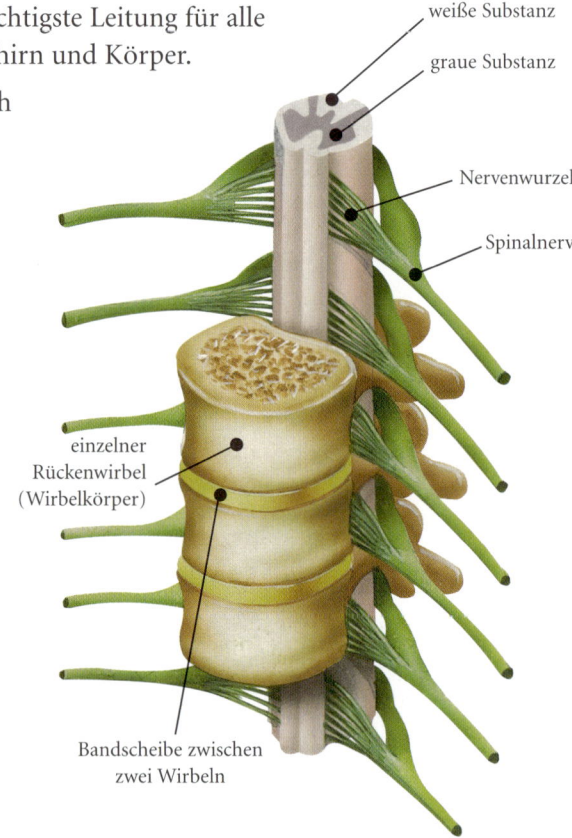

weiße Substanz

graue Substanz

Nervenwurzel

Spinalnerv

einzelner Rückenwirbel (Wirbelkörper)

Bandscheibe zwischen zwei Wirbeln

▶ Das Rückenmark verläuft in einem Knochenkanal im hinteren Bereich der Wirbelsäule. Zu beiden Seiten zweigen Nervenpaare ab.

152

- **Schäden am Rückenmark** können zu Lähmungen führen. Verletzungen unterhalb des Halses verursachen eine Lähmung von der Taille abwärts.

- **Verletzungen im Bereich** der Halswirbelsäule verursachen Querschnittslähmung – eine Lähmung vom Hals abwärts.

- **Absteigende Nervenbahnen** sind Gruppen von Nerven, die Signale von oben nach unten transportieren, z. B. Bewegungsbefehle vom Gehirn an die Muskeln.

- **Aufsteigende Nervenbahnen** sind Nervengruppen, die Signale von unten nach oben befördern, etwa Meldungen von Sensoren auf der Haut oder im Körperinneren an das Gehirn.

◄ *Wird das Rückenmark verletzt, können die Bewegungsmeldungen vom Gehirn nicht bis zu ihrem Ziel geleitet werden. Menschen, die von der Taille abwärts gelähmt sind, können daher nicht gehen.*

153

Das Gehirn

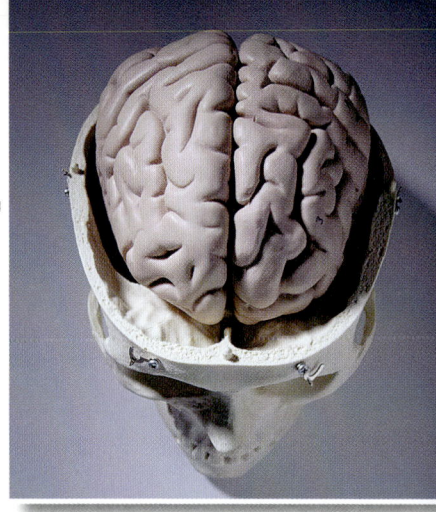

- **Das menschliche Gehirn** besteht aus mehr als 100 Milliarden Nervenzellen (Neuronen).

- **Jedes Neuron** ist mit bis zu 25 000 anderen Neuronen verbunden. Im Gehirn gibt es viele Billionen verschiedene Wege für die Nervensignale.

- **Das Gehirn** eines Mädchens macht etwa 2,5 % des gesamten Körpergewichts aus. Bei einem Jungen sind es etwa 2 %.

- **Pro Minute** strömen etwa 0,85 Liter Blut durch das Gehirn. Es macht zwar nur etwa 2 % des Körpergewichtes aus, fordert aber eine Blutversorgung von 12–15 %.

▲ *Unter der Schädeldecke sieht das Gehirn wie eine feuchte, grau-rosa Masse aus, deren Form an eine Walnuss erinnert.*

- **Das Gehirn eines Elefanten** ist etwa viermal so schwer wie das eines Menschen. Bei Halbaffen und bei Delfinen ist das Verhältnis von Hirngewicht zu Körpergewicht ähnlich wie beim Menschen.

- **Die Hirnrinde** ist die äußerste Schicht des Gehirns. Könnte man sie flach ausbreiten, würde sie ein Bett bedecken.

- **Die linke Hälfte** (Hemisphäre) des oberen Gehirns ist wichtig für das Sprechen und Schreiben, die rechte Hälfte dagegen für Bilder und Ideen.

- **Bewusste Gedanken** und Handlungen finden in der Hirnrinde statt.

- **Unbewusste, automatische Aktivitäten** wie Atmung, Hunger oder Schlaf werden durch Teile wie den Hypothalamus und den Hirnstamm gesteuert.

> **· · · FASZINIEREND! · · · ·**
> Forscher können menschliche Gehirnzellen in Laborschalen züchten.

▶ *Auf dieser Zeichnung ist die rechte Hemisphäre (Hälfte) des Großhirns rosa dargestellt. Es umgibt Bereiche, die für Grundbedürfnisse und Emotionen wie Hunger, Durst und Zorn zuständig sind.*

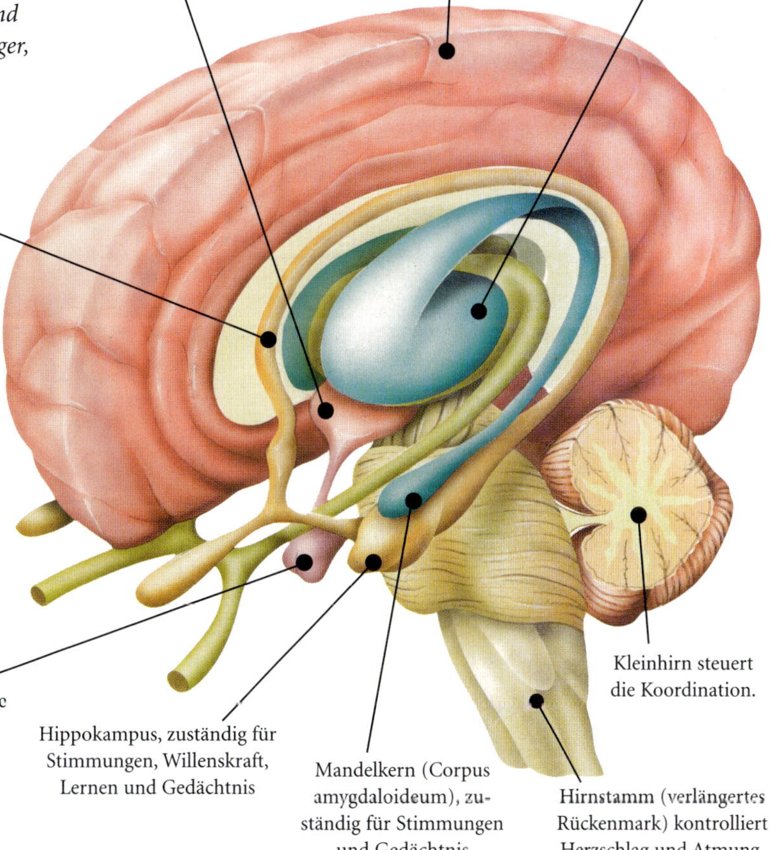

Hypothalamus reguliert die Körperwärme, Hunger und Durst und den Schlaf-Wach-Rhythmus.

Großhirn – zum Denken, Formulieren und für andere kluge Dinge

Thalamus steuert die Sinneswahrnehmung und die Aufmerksamkeit.

Limbisches System, zuständig für Körperfunktionen, Emotionen und Geruchssinn

Hirnanhangdrüse steuert die Hormone.

Hippokampus, zuständig für Stimmungen, Willenskraft, Lernen und Gedächtnis

Mandelkern (Corpus amygdaloideum), zuständig für Stimmungen und Gedächtnis

Kleinhirn steuert die Koordination.

Hirnstamm (verlängertes Rückenmark) kontrolliert Herzschlag und Atmung.

155

Die Hirnrinde

- **Eine Rinde** ist die Außenschicht eines Organs, etwa von Gehirn oder Niere.

- **Die Hirnrinde** ist eine Schicht aus miteinander verbundenen Nervenzellen, die das eigentliche Gehirn aus grauer Substanz umgeben.

- **Viele Signale** von den sensorischen Nerven werden von der Hirnrinde empfangen und verarbeitet.

- **Die visuelle Hirnrinde** liegt im hinteren, unteren Bereich. Es ist die Zone zur Verarbeitung aller Informationen, die mit den Augen aufgenommen werden.

- **Die somato-sensorische Hirnrinde** verläuft wie ein Band über den Oberkopf. Es ist die Empfindungszone, z.B. für Berührung, Temperatur und Schmerz.

- **Die motorische Hirnrinde** ist ein Streifen direkt vor der Empfindungszone. Von hier werden Befehle an die Muskeln versandt.

- **Je mehr Nervenendigungen** in einem bestimmten Körperbereich liegen, desto größer ist die zuständige Fläche der Empfindungszone der Hirnrinde.

- **Lippen und Gesicht** nehmen auf der sensorischen Hirnrinde eine große Fläche ein.

- **Die Hände** nehmen fast so viel Fläche auf der sensorischen Hirnrinde ein wie das Gesicht.

▶ *Die Hirnrinde ist nur 5 mm dick. Könnte man sie ausbreiten, wäre sie so groß wie ein Bett. Sie enthält mindestens 50 Milliarden Nervenzellen.*

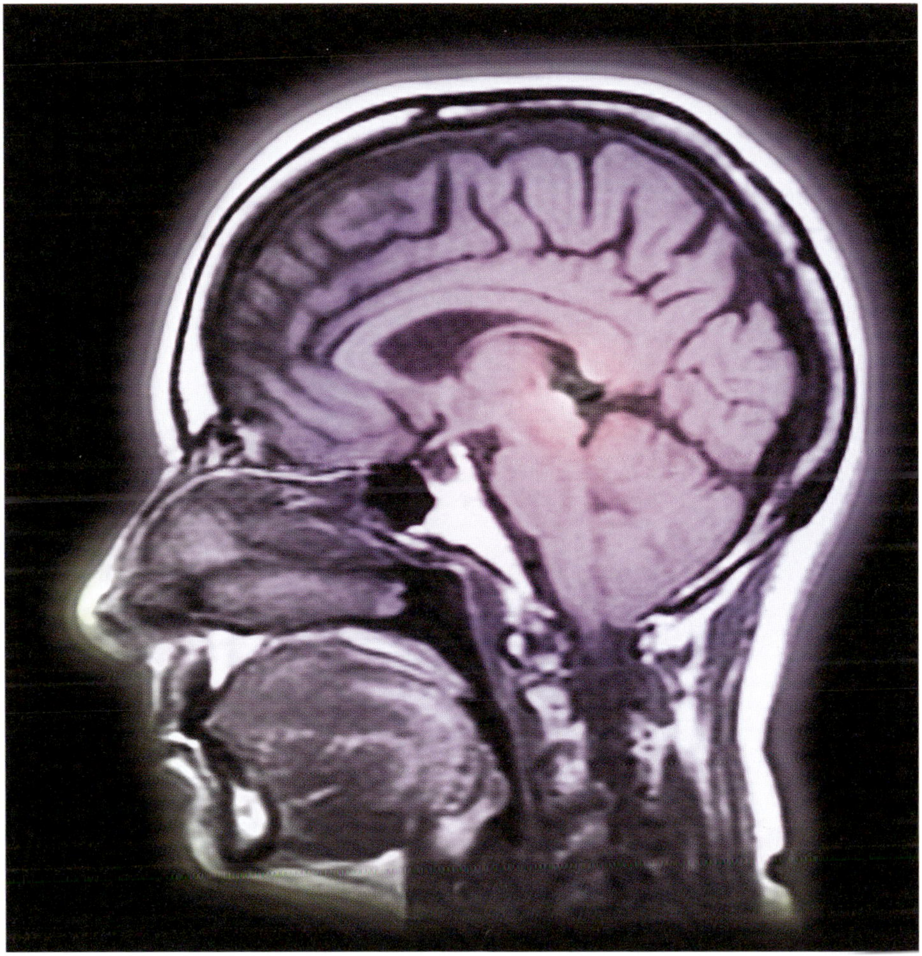

Schlaf

- **Im Schlaf** laufen viele Körperfunktionen weiterhin ab. Auch das Gehirn empfängt und versendet Signale. Der Körper spart aber Energie und führt einige Routinereparaturen aus.

- **Schlafmangel** kann gefährlich sein. Ein neugeborenes Baby braucht 18–20 Stunden Schlaf am Tag, ein Erwachsener etwa 7–8.

- **Der Schlaf** wird durch den Hirnstamm geregelt (siehe Gehirn). Träume entstehen durch Signale, die von einem Teil des Gehirns ausgehen, den man Hirnbalken nennt.

▲ *Ein Märchen handelt von Rip van Winkle, der 20 Jahre lang schläft. Als er schließlich aufwacht, hat sich die Welt verändert und er erkennt sie nicht wieder.*

- **Im wachen Zustand** ist in den winzigen elektrischen Impulsen der Nervenzellen kaum ein Muster zu erkennen. Im Schlaf sind die Impulswellen regelmäßiger.

158

◀ *Alle Menschen schließen im Schlaf die Augen. Außerdem verändert sich das Muster der Gehirnaktivität. Die Skelettmuskeln entspannen sich, es wird weniger Urin produziert. Herzschlag, Atmung und Verdauungstätigkeit verlangsamen sich.*

- **In den ersten 90 Minuten** nach dem Einschlafen wird der Schlaf immer tiefer, die Impulswellen werden immer höher, aber langsamer.

- **Die Weckschwelle** wird von Stadium I (Einschlafen) bis IV (Tiefschlaf) immer höher und erreicht nach 60 Minuten den Höchstwert. Dann nimmt die Weckschwelle wieder ab.

- **Nach 90 Minuten** Schlaf flattern die Augen leicht. Diese Phase nennt man REM-Schlaf (REM = rapid eye movement/schnelle Augenbewegungen).

- **Man vermutet**, dass ein Mensch während der REM-Phase träumt.

- **Während des Nachtschlafs** wechseln ruhige Tiefschlafphasen mit REM-Phasen ab, die bis zu 30 Minuten dauern können.

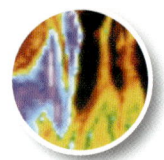

Stimmungen

- **Als Stimmung** bezeichnet man den Gemütszustand. Ein Mensch kann glücklich, traurig, zornig oder ängstlich, ausgelassen oder niedergeschlagen sein.

- **Stimmungen und Gefühle** sind in dem Teil des Gehirns, wo die unbewussten Vorgänge gesteuert werden, eng verknüpft (siehe Gehirn).

- **Stimmungen** bestehen aus drei Elementen: Wie man sich fühlt, was im Körper geschieht und wie man wegen einer bestimmten Stimmung handelt.

- **Manche Forscher** meinen, dass Stimmungen Veränderungen im Körper auslösen, etwa dass man lächelt, wenn man glücklich ist. Andere Forscher glauben umgekehrt, dass Lächeln fröhlich macht.

▶ *Forscher können nicht erklären, warum uns manche Situationen glücklich oder traurig machen. Aber es sind eben diese Gefühle, die uns Menschen von den Tieren unterscheiden.*

> **FASZINIEREND!**
> Unter Einfluss von Adrenalin fanden Testpersonen grausame Witze lustiger als vorher.

160

- **Wieder andere Forscher** meinen, dass Stimmungen automatisch entstehen, bevor man sie wahrnimmt, und zwar durch eine gewisse Reaktion im Thalamus in der Mitte des Gehirns.

- **Der Thalamus** („Tor des Bewusstseins") sendet Stimmungssignale an die Hirnrinde und der Mensch wird sich seiner Stimmung bewusst.

- **Der Thalamus** setzt gleichzeitig über Nerven und Hormone automatische Reaktionen des Körpers in Gang.

- **Bestimmte Erinnerungen** oder Erfahrungen sind im Gehirn so eng verknüpft, dass sie automatisch bestimmte Stimmungen auslösen können.

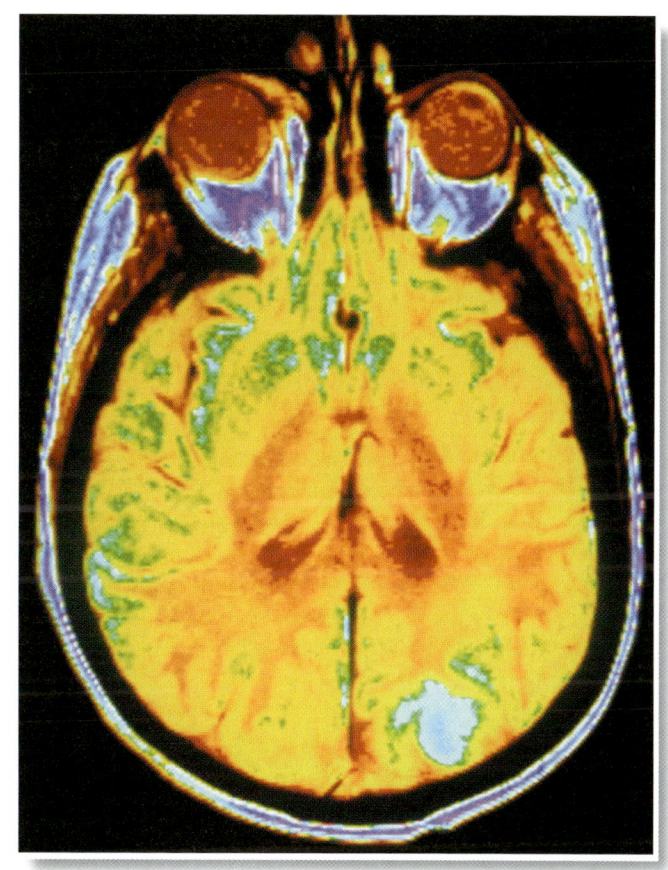

▲ *Die Wissenschaftler erforschen noch, wie sich Stimmungen und Gefühle bestimmten Bereichen des Gehirns zuordnen lassen.*

161

Denken

- **Manche Forscher** meinen, dass wir Menschen die einzigen Wesen mit einem Bewusstsein sind – Wesen also, die wissen, dass sie denken.

- **Niemand weiß**, wie das Bewusstsein funktioniert. Es ist eines der letzten großen Geheimnisse der Forschung.

- **Das Denken** findet wahrscheinlich überwiegend im Großhirn (siehe Gehirn) statt. Einzelne Arten von Gedanken sind bestimmten Gebieten zugeordnet, die man auch Assoziationsbereiche nennt.

- **Jede Hälfte** des Großhirns hat vier abgerundete Vorsprünge, die Lappen. Zwei liegen vorn (Frontal- und Temporallappen), zwei liegen hinten (Okzipital- und Parietallappen).

- **Der Frontallappen** hat mit der Persönlichkeit zu tun. Hier entstehen die klugen Einfälle.

- **Der Temporallappen** ist für das Hören und Verstehen von Sprache zuständig.

- **Der Okzipitallappen** wertet aus, was die Augen sehen.

- **Der Parietallappen** ist für die Verarbeitung von Wahrnehmungen wie Berührung, Temperatur und Schmerz zuständig.

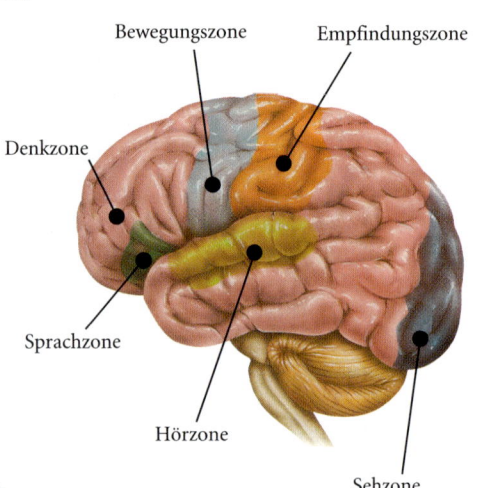

Bewegungszone

Empfindungszone

Denkzone

Sprachzone

Hörzone

Sehzone

▲ *In der „Denkzone" im vorderen Gehirn sind das Denken, das Lösen von Problemen und die Kreativität angesiedelt.*

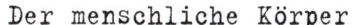

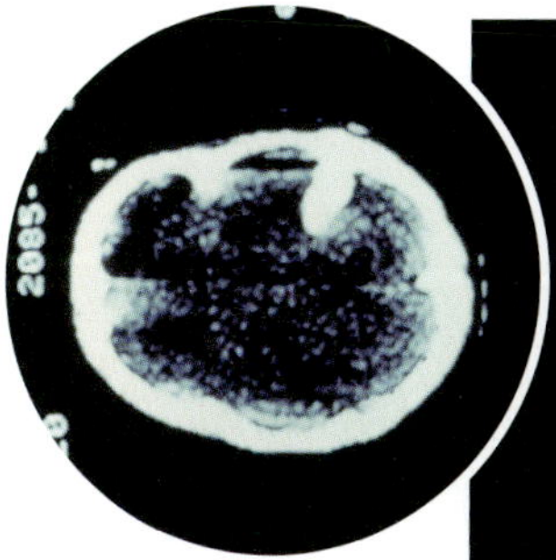

▲ ▶ *Mit modernen Techniken kann man das Gehirn bei der Arbeit beobachten und so viel über seine Funktionsweise erfahren.*

- **Die linke Gehirnhälfte** (linke Hemisphäre) steuert die rechte Körperhälfte, die rechte Gehirnhälfte (rechte Hemisphäre) die linke Körperhälfte.

- **Eine Hälfte des Gehirns** ist immer dominant über die andere. Bei Rechtshändern ist das die linke Hälfte.

Gedächtnis

▲ *Besondere Ereignisse wie Geburtstagsfeiern behalten wir lange im Gedächtnis.*

- **Damit man sich** an etwas erinnern kann, muss das Gehirn es speichern. Wahrscheinlich werden dafür neue Nervenverbindungen erzeugt.

- **Es gibt drei Arten von Gedächtnis**: das sensorische, das Kurzzeit- und das Langzeitgedächtnis.

- **Das sensorische Gedächtnis** sorgt dafür, dass man manche Empfindungen noch einen Moment lang spürt, nachdem sie bereits aufgehört haben.

- **Im Kurzzeitgedächtnis** werden Informationen nur einige Sekunden lang, gespeichert.

- **Was im Langzeitgedächtnis** gespeichert ist, behält man mehrere Monate oder ein ganzes Leben.

- **Im Langzeitgedächtnis** werden Informationen auf zweierlei Weise gespeichert. Wissenschaftler sprechen von deklarativen (erklärenden) und non-deklarativen (nicht-erklärenden) Erinnerungen.

- **Non-deklarative Erinnerungen** sind Fähigkeiten, die man durch Übung gelernt hat, etwa Federball spielen oder Flöte spielen. Durch die Wiederholung beim Üben entstehen neue Nervenbahnen.

- **Deklarative Erinnerungen** sind entweder episodisch oder semantisch. Sie werden aus dem Bereich des Hippokampus an den richtigen Platz in der Hirnrinde gesandt wo der größte Teil des Denkens stattfindet.

- **Episodische Erinnerungen** sind Erinnerungen an besondere Ereignisse, etwa ein Beinbruch oder der erste Schultag. Man erinnert sich nicht nur an Tatsachen, sondern auch an seine Gefühle.

▲ *Wer Geige spielen lernt, arbeitet mit non-deklarativen Erinnerungen. Durch das häufige Üben werden bestimmte Nervenbahnen gebildet und gestärkt.*

165

Chromosomen

- **Chromosomen** sind mikroskopisch kleine, gedrehte Fäden in jeder Zelle. Sie enthalten in chemischer Form alle Lebensanweisungen eines Körpers.

- **In jeder Körperzelle** befinden sich 46 Chromosomen, die zu 23 Paaren angeordnet sind.

- **Von den beiden Chromosomen** in einem Paar stammt eins vom Vater und eins von der Mutter.

- **Bei den 23 Chromosomenpaaren** eines Mädchens entsprechen die Teile aller Paare einander genau. Der Anteil vom Vater entspricht dem von der Mutter.

- **Jungen** haben nur 22 übereinstimmende Chromosomenpaare. Das 23. Paar besteht aus zwei unterschiedlichen Chromosomen.

- **Dieses 23. Chromosomenpaar** entscheidet darüber, welchem Geschlecht ein Mensch angehört. Die Geschlechtschromosomen tragen die Bezeichnung X und Y.

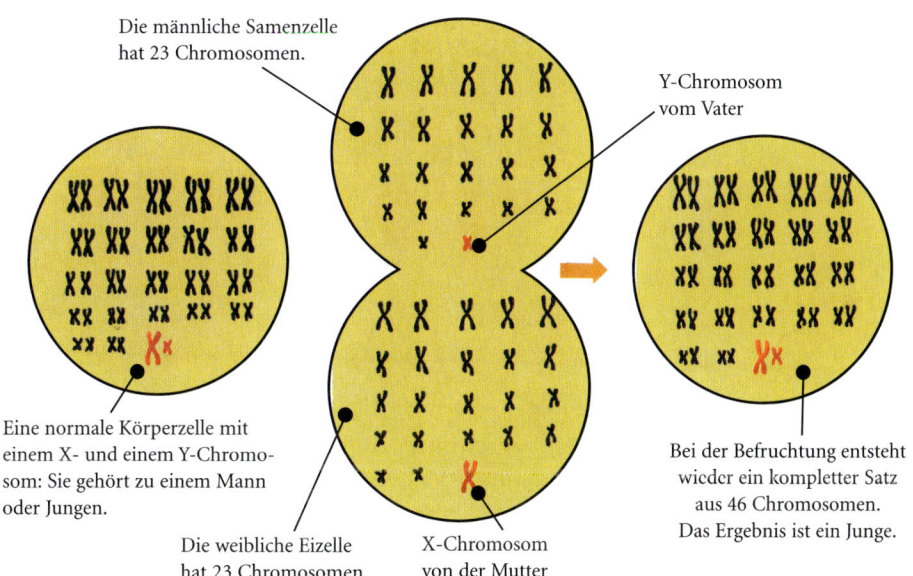

Die männliche Samenzelle hat 23 Chromosomen.

Y-Chromosom vom Vater

Eine normale Körperzelle mit einem X- und einem Y-Chromosom: Sie gehört zu einem Mann oder Jungen.

Die weibliche Eizelle hat 23 Chromosomen.

X-Chromosom von der Mutter

Bei der Befruchtung entsteht wieder ein kompletter Satz aus 46 Chromosomen. Das Ergebnis ist ein Junge.

▲ *Zwei Chromosomensätze, einer von der Mutter und einer vom Vater, kommen bei der Befruchtung zusammen.*

◄ *Ein Mädchen entsteht, wenn vom Vater ein X-Chromosom kommt. Ein Junge hat von seinem Vater ein Y-Chromosom.*

● **Mädchen** haben zwei X-Chromosomen. Jungen haben ein X- und ein Y-Chromosom.

● **Die chemischen Bauanweisungen** der Chromosomen setzen sich aus Tausenden winziger Einheiten zusammen, die man Gene nennt.

● **Gene** für das gleiche Merkmal sitzen immer an der gleichen Stelle – auf jedem Chromosom eines Paars und in jeder Körperzelle. Eines Tages möchten die Forscher den Aufbau des gesamten Musters (Genom) entschlüsseln.

167

Gene

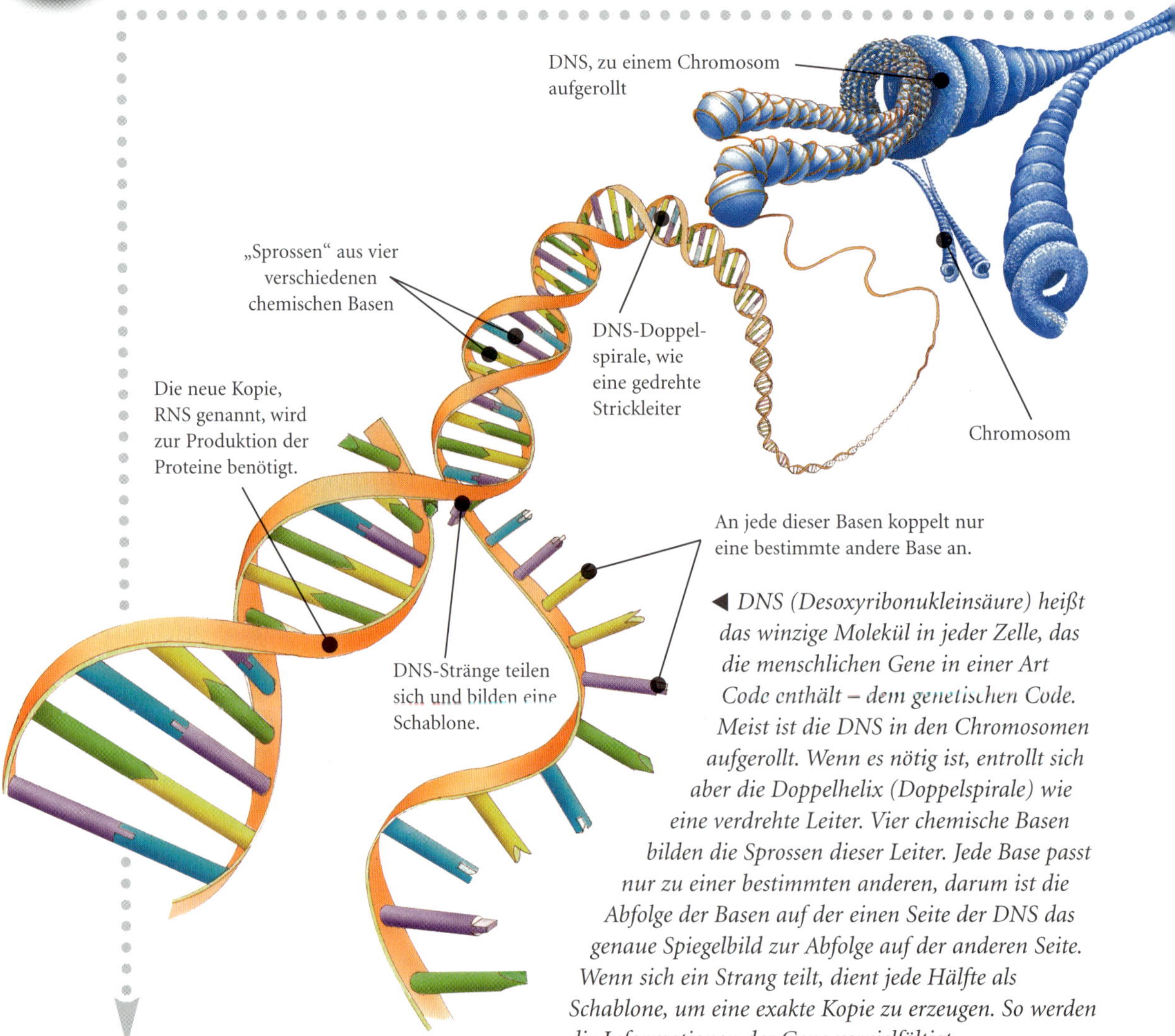

DNS, zu einem Chromosom aufgerollt

„Sprossen" aus vier verschiedenen chemischen Basen

DNS-Doppel-spirale, wie eine gedrehte Strickleiter

Chromosom

Die neue Kopie, RNS genannt, wird zur Produktion der Proteine benötigt.

DNS-Stränge teilen sich und bilden eine Schablone.

An jede dieser Basen koppelt nur eine bestimmte andere Base an.

◀ DNS (Desoxyribonukleinsäure) heißt das winzige Molekül in jeder Zelle, das die menschlichen Gene in einer Art Code enthält – dem genetischen Code. Meist ist die DNS in den Chromosomen aufgerollt. Wenn es nötig ist, entrollt sich aber die Doppelhelix (Doppelspirale) wie eine verdrehte Leiter. Vier chemische Basen bilden die Sprossen dieser Leiter. Jede Base passt nur zu einer bestimmten anderen, darum ist die Abfolge der Basen auf der einen Seite der DNS das genaue Spiegelbild zur Abfolge auf der anderen Seite. Wenn sich ein Strang teilt, dient jede Hälfte als Schablone, um eine exakte Kopie zu erzeugen. So werden die Informationen der Gene vervielfältigt.

- **Gene** enthalten alle Informationen, die der Körper zum Leben braucht – zum Wachsen, Überleben, Kinder bekommen und vielleicht sogar zum Sterben.

- **Einzelne Gene** enthalten die Anweisung zur Bildung bestimmter Proteine. Proteine sind die Bausteine des Körpers.

- **Kleine Gruppen** von Genen bestimmen Merkmale wie die Haar- oder Augenfarbe oder sind für Körpervorgänge wie die Verdauung von Fett zuständig.

- **Jede Körperzelle** (außer Eizellen/Spermien) enthält einen Satz aus identischen Genen. Das liegt daran, dass alle Zellen entstanden sind, weil sich andere Zellen geteilt haben. Begonnen hat es mit der Eizelle der Mutter.

- **Die Gene** des Kindes sind eine Mischung. Die Hälfte stammt vom Vater, die andere von der Mutter (siehe Chromosomen). Eineiige Zwillinge haben gleiche Gene, zweieiige Zwillinge und andere Geschwister nicht.

- **Die Gene** machen jeden Menschen zu etwas Einzigartigem – groß oder klein, blond oder dunkelhaarig, gute Tänzer oder Redner, gesund oder kränklich, usw.

> **. . . FASZINIEREND! . . .**
> In jeder einzelnen Zelle des Körpers
> gibt es mehr als 30 000 Gene.

- **Gene** sind Abschnitte der DNS, eines mikroskopisch kleinen Moleküls in jeder Zelle.

- **Die DNS** sieht aus wie eine gedrehte Leiter. Die Sprossen der DNS bestehen aus chemischen Basen: Guanin, Adenin, Zytosin und Thymin.

- **Die Basen** der DNS sind in Dreiergruppen angeordnet, die man Tripett nennt. Die Reihenfolge der Basen in jedem Tripett variiert. Jede Aminosäure entspricht einem bestimmten Tripett.

Vererbung

▲ *Geschwister sehen sich ähnlich, weil sie ähnliche Gene von ihren Eltern geerbt haben.*

- **Viele Körpermerkmale** erbt ein Mensch von seinen Eltern. Das können die schwarzen Haare der Mutter oder die O-Beine des Vaters sein.

- **Diese Merkmale** werden durch die Gene in den Chromosomen vererbt.

- **Die Grundregeln** der Vererbung entdeckte der österreichische Mönch Gregor Mendel vor etwa 150 Jahren.

- **Alle Körpermerkmale** sind eine Mischung aus zwei Informationsketten. Eine stammt aus den Chromosomen der Mutter, die andere aus denen des Vaters.

- **Jedes Merkmal** beruht aber nur auf einem Gen, das sich durchsetzt oder ausprägt – entweder das der Mutter oder das des Vaters.

- **Ein Gen**, das sich nicht ausprägt, verschwindet nicht. Es ruht im Chromosomensatz des jeweiligen Menschen und kann an die Kinder vererbt werden.

- **Ein Gen**, das sich immer ausprägt, nennt man dominant.

- **Ein Gen**, das von einem dominanten Gen überdeckt wird, nennt man rezessiv.

- **Ein rezessives Gen** prägt sich nur aus, wenn kein dominantes Gen vorhanden ist – wenn also von beiden Eltern rezessive Gene für ein Merkmal vererbt werden.

▲ *Das Gen für blaue Augen ist rezessiv. Das Mädchen hat blaue Augen, weil es das zuständige Gen vom Vater* und *von der Mutter geerbt hat.*

171

Fortpflanzung – Frau

- **Das weibliche Fortpflanzungssystem** ist der Bereich des Körpers, wo Eizellen aufbewahrt und freigesetzt werden. Trifft eine Eizelle mit einer männlichen Samenzelle zusammen, entsteht neues Leben.

- **Alle Eizellen** befinden sich von Geburt an in den Eierstöcken (Ovarien), zwei eiförmigen Drüsen im Beckenbereich. Jede Eizelle liegt in einem kleinen Sack, dem Follikel.

- **Jeden Monat** im Verlauf des Menstruationszyklus gibt ein Eierstock eine Eizelle frei.

- **Der Menstruationszyklus** beginnt, wenn die Hirnanhangsdrüse im Gehirn ein Hormon aussendet, das die Follikelbildung anregt.

- **Wenn die Follikel wachsen**, setzen sie das Sexualhormon Östrogen frei. Das Östrogen sorgt dafür, dass die Schleimhaut innerhalb der Gebärmutter dicker wird.

- **Wenn ein Ei reif ist**, gleitet es in einen Kanal, den Eileiter. Diesen Vorgang nennt man Eisprung.

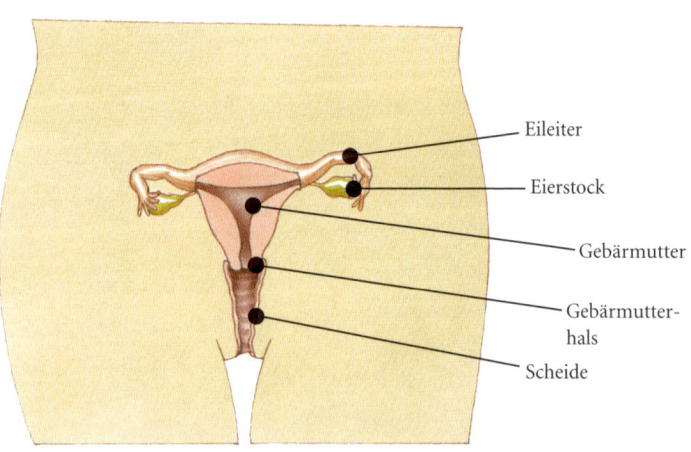

Eileiter

Eierstock

Gebärmutter

Gebärmutterhals

Scheide

▶ *Diese Zeichnung des weiblichen Fortpflanzungssystems zeigt die beiden Eierstöcke und die Eileiter, die zur Gebärmutter führen.*

- **Hat eine Frau** während dieser Zeit Geschlechtsverkehr, können Spermien aus dem Penis des Mannes die Scheide aufwärts schwimmen, in die Gebärmutter gelangen und im Eileiter die Eizelle befruchten.

- **Ist die Eizelle** befruchtet, bereitet die Gebärmutterschleimhaut sich auf die Schwangerschaft vor und wird noch dicker. Aus dem Ei beginnt sich ein Embryo zu entwickeln.

- **Ist die Eizelle** nicht befruchtet, wird sie mit der nicht benötigten, dicken Schleimhaut während der monatlichen Regelblutung (Menstruation) abgestoßen.

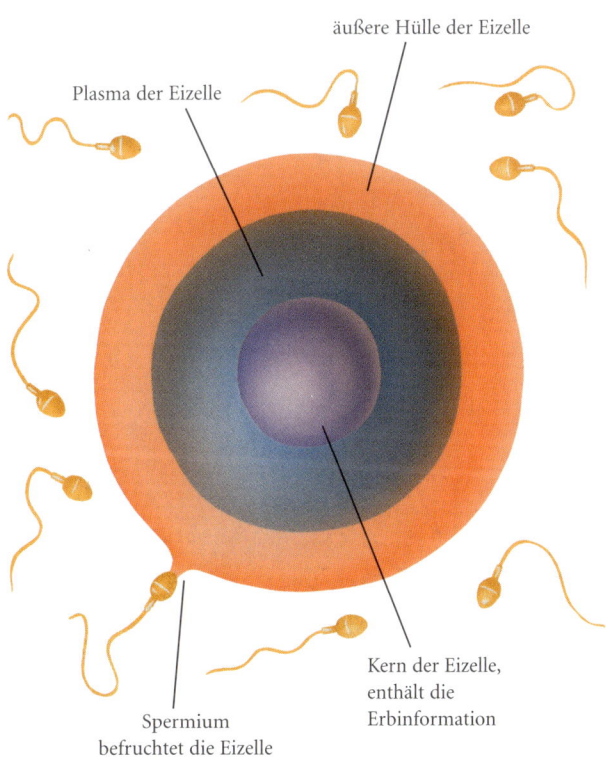

äußere Hülle der Eizelle

Plasma der Eizelle

Kern der Eizelle, enthält die Erbinformation

Spermium befruchtet die Eizelle

▲ *Die weibliche Eizelle gleitet durch den Eileiter im Körperinneren. Bei der Befruchtung schwärmen viele winzige Spermien um die Eizelle, bis es einem gelingt, seinen Kopf durch die äußere Schicht der Eizelle zu schieben. Dann verschmelzen Spermienkopf und Zellhülle, die Eizelle ist befruchtet.*

Fortpflanzung – Mann

- **Im Fortpflanzungssystem** eines Mannes entstehen die Spermien, die zusammen mit einer weiblichen Eizelle nötig sind, damit ein Kind entstehen kann.

- **Spermien** sehen aus wie winzige Kaulquappen. Sie entstehen in den Hoden, die im Hodensack liegen.

- **Hoden und Hodensack** befinden sich außerhalb des Körpers. Dort ist es kühler als im Inneren, was für die Spermienbildung wichtig ist.

- **Die Hoden** eines 15-jährigen Jungen können pro Tag 2 Millionen Spermien produzieren.

- **Die Spermien** gelangen aus den Hoden zuerst in die Nebenhoden.

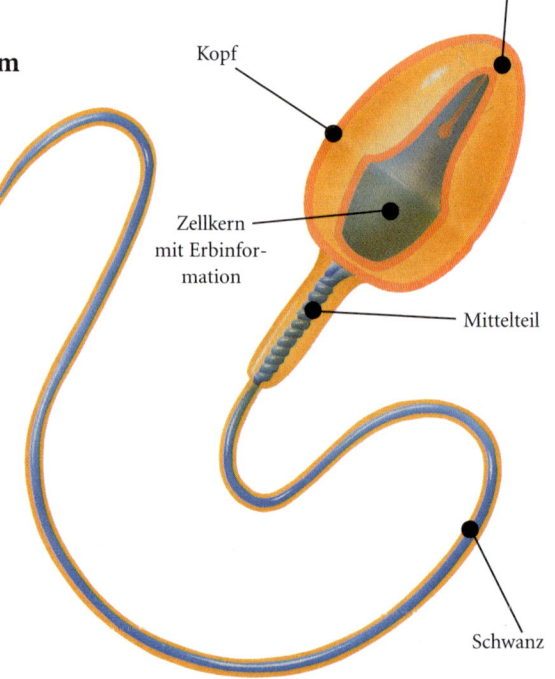

Akrosom

Kopf

Zellkern mit Erbinformation

Mittelteil

Schwanz

▲ *Ein ausgereiftes Spermium besteht aus dem Kopf, in dem die Erbinformation gespeichert ist, einem Mittelteil und einem Schwanz, mit dem es wie eine Kaulquappe schnell zur weiblichen Eizelle schwimmen kann.*

- **Wird der Penis** beim Geschlechtsverkehr erregt, gleiten die Spermien in den Samenleiter und vermischen sich mit Flüssigkeiten, die in der Bläschendrüse und der Vorsteherdrüse (Prostata) gebildet werden.

- **Dann tritt das Sperma** (Mischung aus Spermien und Flüssigkeit) durch die Harnröhre aus dem Penis aus und gelangt so in die Scheide der Frau.

- **Die Hoden** erzeugen auch das männliche Sexualhormon Testosteron.

- **Testosteron** regt das Wachstum von Muskeln und Knochen an.

- **Testosteron** steuert auch die Entwicklung männlicher Körpermerkmale wie Bartwuchs oder tiefe Stimme.

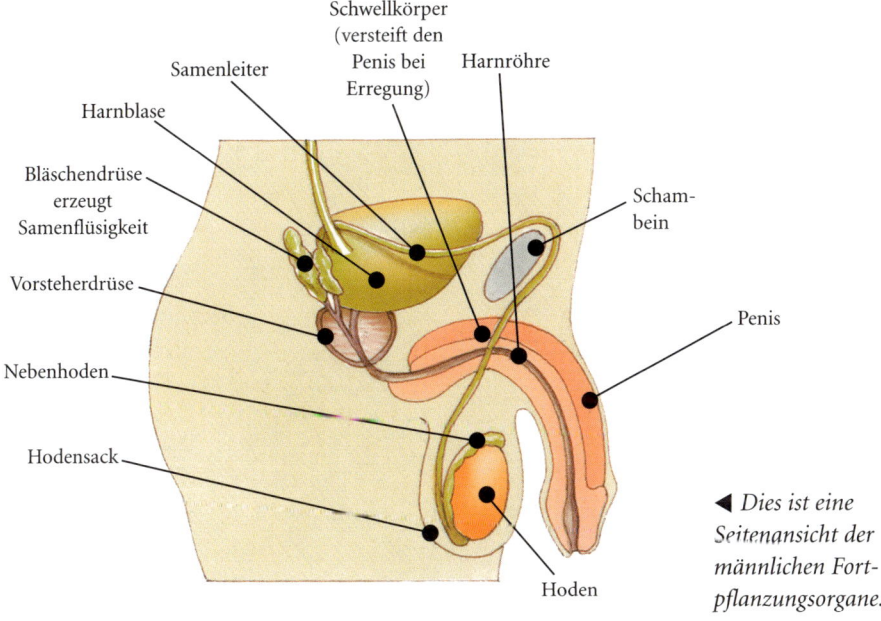

◀ *Dies ist eine Seitenansicht der männlichen Fortpflanzungsorgane.*

175

Schwangerschaft

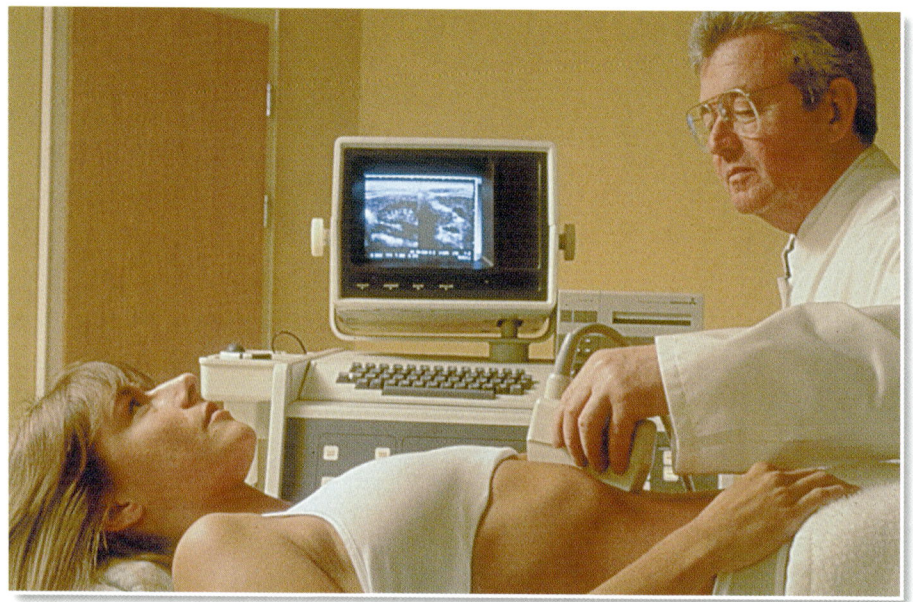

▲ *Nach etwa 16 Wochen kann eine schwangere Frau mit Ultraschall untersuchen lassen, ob der Fötus gesund ist.*

- **Eine Schwangerschaft** beginnt, wenn eine weibliche Eizelle von einem männlichen Spermium befruchtet wird. Normalerweise geschieht das nach dem Geschlechtsverkehr, es ist aber auch im Labor möglich.

- **Wenn eine Frau** schwanger ist, setzt die Regelblutung aus. Durch Untersuchung des Urins kann man die Schwangerschaft nachweisen.

- **Während der Schwangerschaft** teilt sich das befruchtete Ei immer wieder. Es entwickelt sich ein Embryo (die ersten acht Wochen) und danach ein Fötus (von der achten Woche bis zur Geburt).

▶ *Die verschiedenen Entwicklungsphasen eines Embryos und Fötus im Körper einer Frau. Nach der Befruchtung teilt sich das Ei und entwickelt sich zuerst zum Embryo. Nach acht Wochen nennt man das ungeborene Kind Fötus.*

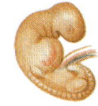

5 Wochen

8 Wochen

12 Wochen

20 Wochen

40 Wochen

30 Wochen

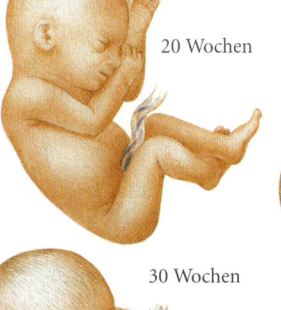

● **Im Gegensatz** zum Embryo hat der Fötus bereits Arme, Beine und einige Organe wie das Herz.

● **Eine Schwangerschaft** dauert 40 Wochen. Man unterteilt sie in Drittel von je etwa 12–13 Wochen.

● **Der Fötus** ist in der Gebärmutter gut gepolstert, weil er in der Fruchtblase in einer Flüssigkeit schwimmt.

● **Über die Plazenta**, die nach der Geburt abgestoßen wird (Nachgeburt), wird der Fötus mit Sauerstoff und Nährstoffen aus dem Blut der Mutter versorgt.

● **Die Nabelschnur** verbindet die Plazenta und den Fötus und ermöglicht die Versorgung mit dem Blut der Mutter.

● **Während der Schwangerschaft** steigt die Blutmenge einer Frau um 30 % an. Auch ihr Herzschlag wird schneller.

● **Während der Schwangerschaft** wachsen die Brüste der Frau. Die Milchdrüsen entwickeln sich, um Nahrung für das Neugeborene zu erzeugen.

177

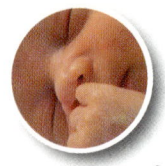

Geburt

- **Babys** werden meist nach 38–40 Schwangerschaftswochen geboren.

- **Einige Tage oder Wochen** vor der Geburt drehen sich die meisten Babys in der Gebärmutter, sodass der Kopf nach unten zum Geburtskanal (Muttermund und Scheide) zeigt.

- **Die Geburt** beginnt mit den Wehen. Dabei ziehen sich die Muskeln der Gebärmutter rhythmisch zusammen und entspannen sich wieder. Dadurch wird das Baby durch den Geburtskanal gepresst.

- **Die Wehen** laufen in drei Stufen ab. Zuerst ziehen sie sich zusammen, bis die Fruchtblase mit der Flüssigkeit (Fruchtwasser) aufreißt. Das nennt man Blasensprung.

▼ *Zwischen Mutter und Baby besteht eine ganz besondere Beziehung.*

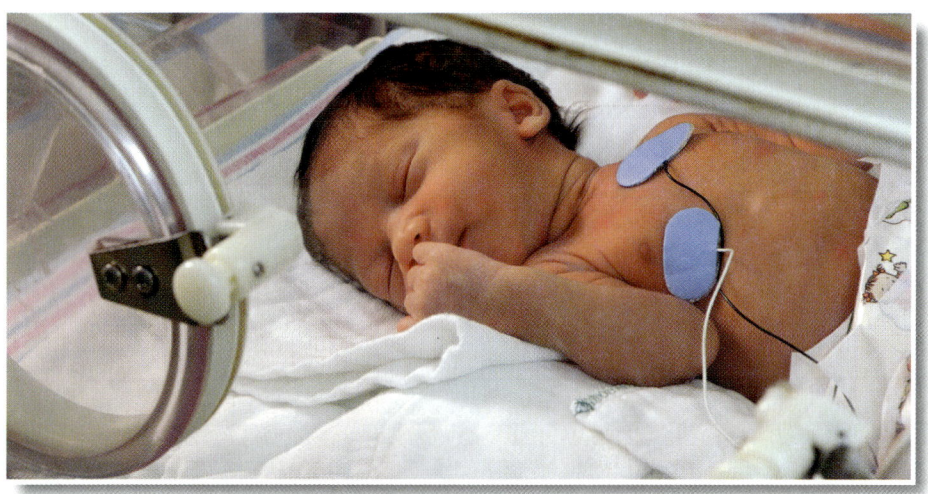

▲ *Kinder mit weniger als 2,4 kg Gewicht müssen noch eine Weile im Brutkasten bleiben.*

- **In der zweiten Wehenphase** wird das Baby durch den Geburtskanal gepresst. Meist erscheint zuerst der Kopf, dann folgt bald der Körper.

- **In der dritten Wehenphase** wird die Plazenta, die Sauerstoff und Nährstoffe aus dem Blut der Mutter an das Baby weitergegeben hat, ebenfalls durch den Geburtskanal ausgestoßen.

- **Die Nabelschnur**, die direkte Verbindung zwischen den Blutkreisläufen von Mutter und Kind, wird nach der Geburt durchtrennt.

- **Frühgeborene** kommen zur Welt, bevor sie vollständig entwickelt sind.

- **Ein Kaiserschnitt** ist eine Operation, die nötig ist, wenn das Kind nicht durch den Geburtskanal zur Welt kommen kann. Mit einem Schnitt werden Bauch und Gebärmutter der Mutter geöffnet und das Kind wird herausgeholt.

179

Baby

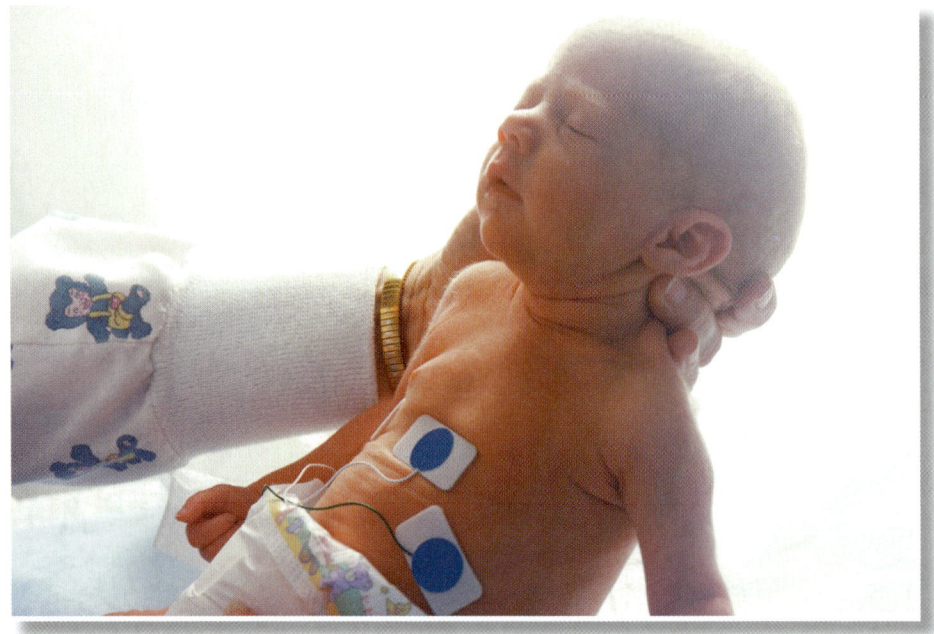

▲ *Die Muskeln eines neugeborenen Babys können den Kopf noch nicht tragen, darum muss man ihn stützen.*

- **Der Kopf** eines Babys hat drei Viertel der Größe eines Erwachsenenkopfes und macht ein Viertel seines Körpergewichtes aus.

- **Die Knochen** eines Babyskeletts sind noch recht weich, damit sie wachsen können. Sie härten erst mit der Zeit aus (siehe Knochen).

- **In den ersten sieben Lebensmonaten** wachsen Jungen schneller als Mädchen.

- **Babys** haben einen sehr ausgeprägten Geschmackssinn. Ihr ganzer Mundraum ist mit Geschmacksknospen besetzt.

> **...FASZINIEREND!...**
> Das Gehirn gehört zu den Teilen des
> Babykörpers, die besonders schnell wachsen.

- **Babys** haben einen viel besseren Geruchssinn als Erwachsene. Vielleicht brauchen sie ihn, um ihre Mutter zu erkennen.

- **Zwischen den Knochenplatten** eines Babyschädels sind noch Lücken (Fontanellen), die nur mit einer Membran überzogen sind. Diese Lücken schließen sich bis zum Alter von etwa 18 Monaten.

- **Ein neugeborenes Baby** hat automatische Reflexe. Es greift automatisch zu, wenn man seine Hand berührt, oder saugt an einem Finger.

- **Im ersten Lebensjahr** eines Babys verdreifacht sich sein Geburtsgewicht.

- **Babys** lernen schrittweise, ihren Körper zu beherrschen. Zuerst kommt der Kopf an die Reihe, dann die Arme und später die Beine.

▶ *Im Alter von etwa neun Monaten sind die Beinmuskeln so kräftig, dass Babys zu krabbeln beginnen.*

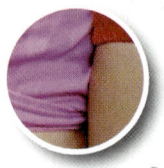

Pubertät

- **Pubertät** ist die Phase des Lebens, in der Jungen und Mädchen geschlechtsreif werden.

- **Das Alter der Pubertät** kann schwanken. Meist liegt es bei Mädchen zwischen 10 und 13 Jahren, bei Jungen zwischen 11 und 15.

- **Die Pubertät** beginnt, wenn die Hirnanhangsdrüse (siehe Gehirn) zwei Hormone ausschüttet: Follikelhormon und Gelbkörperhormon.

- **Während der Pubertät** entwickeln sich bei Mädchen die Brüste, die Haare unter den Achseln und im Genitalbereich wachsen.

- **Im Inneren** des Mädchenkörpers vergrößern sich die Eierstöcke etwa auf das Zehnfache und schütten Sexualhormone aus (siehe Fortpflanzung – Frau).

▶ *Etwa mit 10 Jahren beginnt bei Mädchen die Pubertät. In dieser Zeit entwickeln sich die körperlichen Merkmale einer Frau.*

...FASZINIEREND!...
Die Hoden eines 15-jährigen Jungen produzieren pro Tag 2 Millionen neue Spermien.

▲ *Die Pubertät ist nur ein Teil des Erwachsenwerdens. In dieser Zeit verändern sich Jugendliche nicht nur körperlich, sondern auch in ihrem Denken und Verhalten.*

- **Die Sexualhormone** Östrogen und Progesteron steuern die Entwicklung der weiblichen Geschlechtsorgane und den Menstruationszyklus.

- **Etwa ein Jahr** nach Beginn der Pubertät findet bei Mädchen die erste Regelblutung statt, sodass sie schwanger werden können.

- **Bei Jungen** wachsen Penis und Hoden. Im Gesicht, unter den Achseln und im Genitalbereich wachsen Haare. In den Hoden werden Spermien gebildet.

183

Alter

![Älterer Mann im weißen Hemd neben kalligrafischem Schriftzug]

▲ *Die Menschen in Japan haben eine hohe Lebenserwartung. Das hat verschiedene Gründe. Die gesunde Ernährung und die sozialen Gegebenheiten tragen wahrscheinlich dazu bei.*

- **Die meisten Menschen** leben etwa 60 bis 100 Jahre lang, einige wenige werden noch älter.

- **Die älteste** aktenkundige Person war die Französin Jeanne Calment, die 1997 im Alter von 122 Jahren und 164 Tagen starb.

- **Die Lebenserwartung** ist eine Schätzung auf der Grundlage von Statistiken.

- **In Europa** werden Männer durchschnittlich 75 Jahre alt, Frauen etwa 80. Wegen der Fortschritte im Gesundheitswesen werden die Menschen heute insgesamt älter als früher.

- **Im Alter** verschlechtern sich manche Körperfunktionen. Die Sinnesorgane wie Gehör, Augen und Geschmackssinn werden schwächer.

- **Die Haare** werden grau, wenn die Pigmentzellen aufhören zu arbeiten.

- **Muskeln** werden schwächer, weil Muskelfasern absterben.

- **Knochen** werden brüchiger, weil sie Kalzium verlieren. Die Knorpel zwischen den Gelenken schrumpfen, die Gelenke werden steifer.

- **Die Haut** wird faltig, weil die stützenden Elastin- und Kollagenfasern zusammenfallen. Sonnenbestrahlung beschleunigt diesen Vorgang, darum werden Gesicht und Hände zuerst runzelig.

- **Blutkreislauf** und Atmung werden schwächer. Die Blutgefäße können verstopfen. Dann muss das Herz härter arbeiten und der Blutdruck steigt.

▲ *Fortschritte im Gesundheitswesen haben dafür gesorgt, dass immer mehr Menschen bis ins hohe Alter fit und aktiv bleiben können.*

185

Diagnose

- **Eine Diagnose** ist das Ergebnis einer Untersuchung. Der Arzt stellt fest, welche Leiden ein Patient hat und worin die Ursachen dafür liegen könnten.

- **Jeder Mensch** hat eine persönliche Krankengeschichte. Daraus kann ein Arzt viele wichtige Informationen gewinnen.

- **Symptome** sind die Krankheitserscheinungen, die der Patient selbst wahrnimmt.

- **Krankheitsanzeichen** sind Veränderungen im Körper, die der Arzt während einer Untersuchung oder durch Tests feststellt.

- **Der Arzt** hört sich zuerst an, wie der Patient sein Problem beschreibt. Dann folgt oft eine körperliche Untersuchung, bei der der Arzt auf Symptome wie Schwellungen oder Verletzungen achtet.

▼ *Die Ärztin untersucht die Patientin auf Schwellungen oder Auffälligkeiten, die ihr bei der Diagnose helfen.*

◀ *Für manche Diagnosen müssen Ärzte verschiedene Tests durchführen. Das Foto zeigt ein EKG-Gerät, das die Herztätigkeit des Patienten aufzeichnet.*

▼ *Ein Arzt kann viel über die Gesundheit eines Patienten erfahren, indem er mit dem Stethoskop den Herzschlag abhört.*

- **Ein Stethoskop** besteht aus zwei Ohrhörern und einer Membran. Damit kann der Arzt Geräusche im Körper abhören, etwa Atmung und Herzschlag.

- **Bei manchen Symptomen** muss der Arzt eine Laboruntersuchung von Blut oder Urin durchführen lassen. Mit Ultraschall und Röntgenstrahlen kann er Bilder des Körperinneren betrachten.

- **Heute** verwenden viele Ärzte auch Computer, um Diagnosen zu stellen.

... **FASZINIEREND!** ...
In der Zukunft wird man viele Krankheiten mit dem Computer diagnostizieren können.

Krankheit

▲ *Mücken können gefährliche Krankheiten übertragen, weil sie Blut von einem Menschen zum anderen befördern.*

● **Eine Krankheit** ist etwas, das die normale Arbeitsweise des Körpers stört. Es gibt akute (kurze, plötzliche) und chronische (lang andauernde) Krankheiten. Bösartige Krankheiten breiten sich meist langsam im Körper aus.

● **Viele Krankheiten** werden nach den Körperteilen benannt, die sie befallen, z. B. Herz- oder Atemwegserkrankungen, andere nach den Körperfunktionen, die sie betreffen, z. B. Stoffwechselkrankheiten.

● **Herzerkrankungen** sind in Europa, den USA und Australien die häufigste Todesursache.

- **Manche Krankheiten** werden nach ihrer Ursache eingeordnet. Dazu gehören Krankheiten, die durch den Bakterientyp Staphylokokken ausgelöst werden. Zu ihnen gehört die Lungenentzündung.

- **Manche Krankheiten** sind ansteckend, sie werden durch Kontakt mit Kranken übertragen.

- **Ansteckende Krankheiten** werden durch Keime wie Bakterien und Viren (siehe Krankheitserreger) ausgelöst. Zu ihnen gehören Erkältung, Kinderlähmung, Grippe und Masern. Ihre Ausbreitung lässt sich durch Hygiene, Achtsamkeit und durch Impfprogramme verhüten.

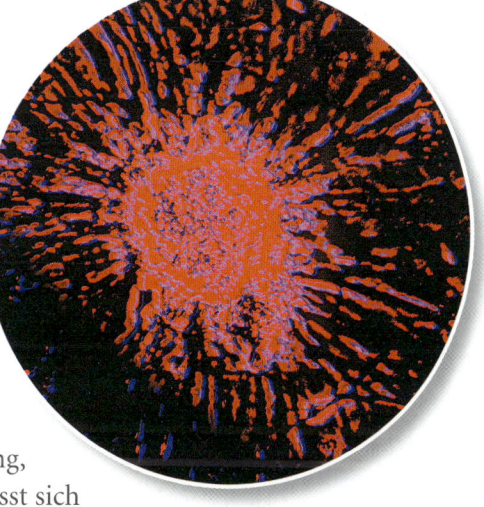

▲ *Eine mikroskopische Aufnahme einer Krebszelle*

- **Nicht ansteckende Krankheiten** können vererbt werden oder durch das Essen schädlicher Dinge, schlechte Ernährung oder Hygiene, Alter oder Verletzungen ausgelöst werden.

- **Endemische Krankheiten** („Ortseuchen") treten nur in bestimmten, begrenzten Gebieten auf, z.B. die Schlafkrankheit in Afrika.

- **Krebs** ist eine bösartige Krankheit. Die bösartigen Zellen vermehren sich abnormal und bilden Tumore.

- **Jedes Jahr** sterben auf der Erde etwa 6 Millionen Menschen an Krebs. Im Alter nimmt das Krebsrisiko zu.

Krankheitserreger

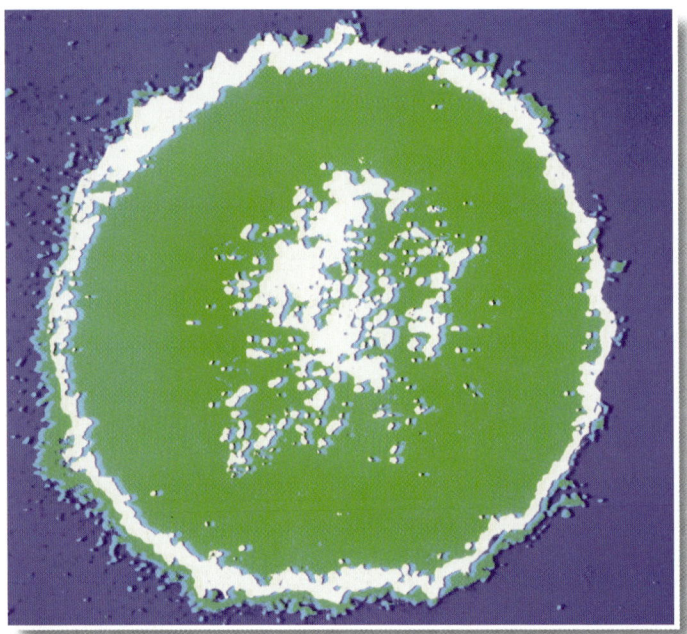

◀ Die Krankheit AIDS (Erworbene Immunschwäche) wird durch ein Virus namens HIV ausgelöst. Das Virus dringt in wichtige Zellen des Körpers ein und schwächt ihre Fähigkeit, andere Infektionen abzuwehren (siehe Immunsystem).

- **Krankheitserreger** sind Mikroorganismen, die in den Körper eindringen und Schaden anrichten.

- **Eine Infektion**, die sich im Körper ausbreitet (z.B. Grippe oder Masern) nennt man systemische Infektion.

- **Eine Infektion**, die nur einen kleinen Bereich umfasst (z.B. Schmutz in einer Verletzung) ist eine lokale Infektion.

- **Wenn das Immunsystem** des Körpers Krankheitserreger heftig bekämpft, fühlt man sich krank.

- **Bakterien** sind einzellige Lebewesen. Es gibt sie fast überall in großer Zahl und sie vermehren sich schnell.

- **Die meisten Bakterien** sind harmlos, es gibt aber drei gefährliche Gruppen, Kokken sind rundlich, Spirillen sind spiralförmig und Bazillen sind stäbchenförmig. Diese schädlichen Bakterien können Krankheiten wie Tetanus oder Typhus verursachen.

- **Viren** können nur leben und sich vermehren, indem sie andere Zellen besetzen. Allein können sie nicht überleben. Sie verursachen Krankheiten wie Schnupfen, Grippe, Mumps und AIDS.

- **Parasiten** sind Lebewesen wie Bandwürmer, die im Körper des Menschen leben können und ihn krank machen.

- **Pilzsporen** und Protozoen sind weitere Mikroorganismen, die Krankheiten verursachen können.

▶ *Wenn Erreger das Immunsystem angreifen, wehrt sich der Körper heftig. Dann fühlen wir uns oft krank.*

Röntgen

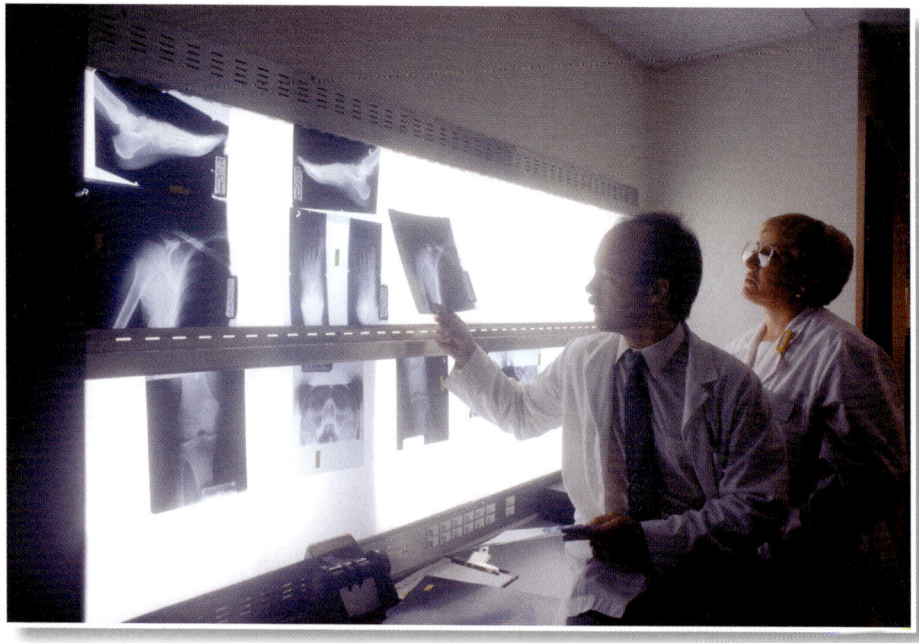

▲ *Seit dem Ende des 19. Jahrhunderts verwenden Ärzte Röntgenbilder zur Diagnose.*

● **Röntgenstrahlen** sind elektromagnetische Strahlen, genau wie Radiowellen, Mikrowellen, sichtbares und ultraviolettes Licht. All diese Strahlen haben eine Wellenbewegung, jedoch in unterschiedlichen Wellenlängen.

● **Röntgenwellen** sind viel kürzer und enthalten mehr Energie als die des sichtbaren Lichts. Wir können sie mit bloßem Auge nicht erkennen.

● **Röntgenstrahlen** entstehen, wenn negativ geladene Teilchen (Elektronen) auf eine schwere Platte aus dem Metall Wolfram geschossen werden. Die Platte wirft dann Röntgenstrahlen zurück.

- **Röntgenstrahlen** kann man nicht sehen, aber auf Filmen aufzeichnen.

- **Röntgenstrahlen** haben so viel Energie, dass sie manche Körpergewebe durchdringen wie das Licht eine dünne Gardine.

- **Für eine Röntgenaufnahme** werden Röntgenstrahlen durch den Körper geleitet. Sie dringen durch manche Gewebe, die auf dem Film schwarz erscheinen. Andere Gewebe durchdringen sie nicht, diese sind dann hell.

- **Jedes Gewebe** lässt Röntgenstrahlen anders durch. Knochen sind dicht und enthalten Kalzium. Sie blockieren die Strahlen und erscheinen auf dem Film weiß. Haut, Fett, Muskeln und Blut lassen die Strahlen durch und erscheinen auf dem Film schwarz.

- **Große Mengen von Röntgenstrahlen** sind gefährlich. Darum muss der Patient einen Schutz aus Blei tragen, während der Röntgenarzt hinter einem Schutzschirm steht.

- **Mit Röntgenstrahlen** kann man Knochenschäden sehr gut erkennen. Wenn man sich einen Knochen bricht, wird man meistens geröntgt.

- **Auch Herz- und Lungenleiden** lassen sich auf Röntgenbildern erkennen.

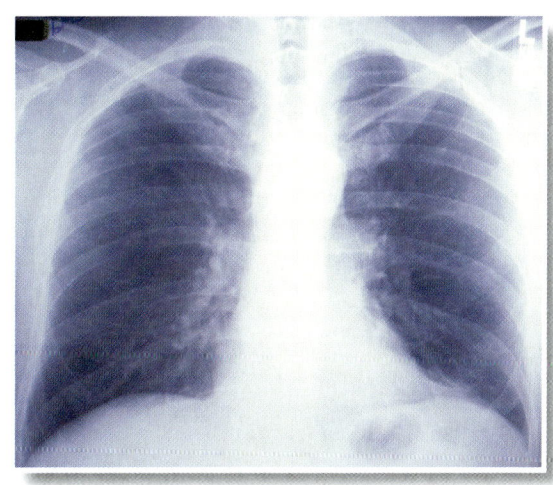

▶ *Das Röntgenbild zeigt das Innere des Brustkorbs mit Rippen, Wirbelsäule und den Atemwegen der Lunge. Lungenschäden werden als weiße Schatten sichtbar.*

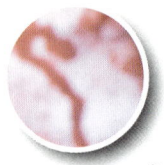

Operationen

- **Bei einer Operation** öffnet der Arzt den Körper eines Patienten, um einen erkrankten oder beschädigten Teil zu reparieren oder zu entfernen.

- **Ein Anästhetikum** ist ein Medikament oder ein Gas, das einen Patienten in Tiefschlaf versetzt (Vollnarkose) oder einen Teil des Körpers betäubt (örtliche Betäubung).

- **Kleine Operationen** werden meist mit örtlicher Betäubung durchgeführt.

- **Große Operationen** werden unter Vollnarkose durchgeführt.

- **Große Operationen** werden von einem Team von Fachärzten und Helfern in einem speziellen Raum durchgeführt, dem Operationssaal (OP).

- **Zum Operationsteam** gehören der Chirurg, der Anästhesist (der die Narkose überwacht) sowie verschiedene Assistenten und Krankenschwestern.

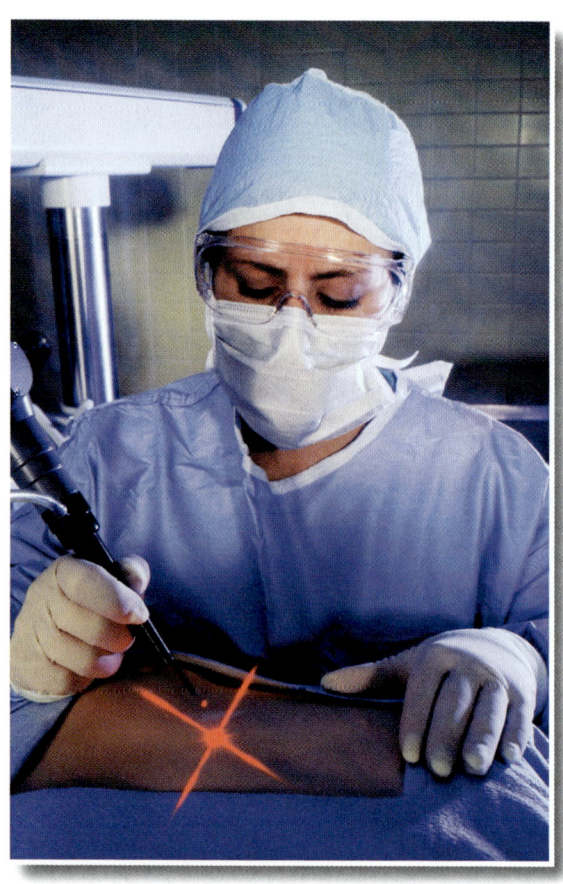

▲ *Für manche Operationen wird statt des Skalpells ein Laserstrahl benutzt. Man kann damit präziser arbeiten und die Gefahr von Blutungen oder Schäden ist geringer.*

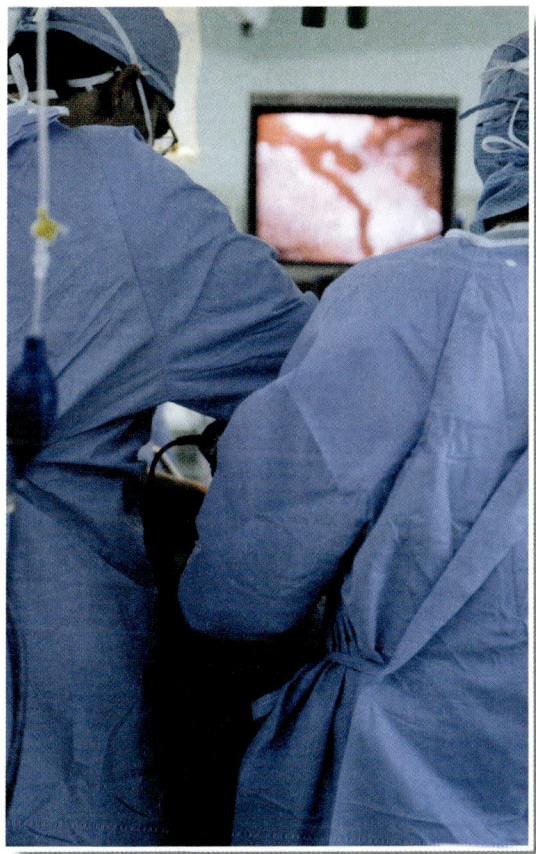

▲ *Für schwierige Operationen werden oft Minikameras eingesetzt, die dem Chirurgen helfen, winzige Einzelheiten im Körper besser zu sehen.*

● **Der Operationssaal** muss absolut sauber sein, damit während der Operation keine Krankheitserreger in den Körper des Patienten eindringen können.

● **Bei der Mikrochirurgie** arbeitet der Chirurg mit einem Mikroskop an winzigen Körperteilen wie Blutgefäßen oder Nerven.

● **In der Laserchirurgie** schneidet der Chirurg nicht mit einem Skalpell, sondern mit einem Laserstrahl. Laser versiegelt die Blutgefäße, die er durchtrennt. Laserchirurgie setzt man bei schwierigen Operationen ein, etwa am Auge.

● **Ein Endoskop** ist ein schlauchförmiges Instrument, an dessen Ende eine Minikamera sitzt. Es wird während einer Operation in den Körper des Patienten eingeführt, damit der Chirurg bestimmte Körperteile genauer ansehen kann.

195

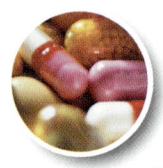

Medikamente & Drogen

- **Antibiotika** sind Medikamente zur Bekämpfung von Bakterienerkrankungen wie Tuberkulose oder Tetanus.

- **Penizillin** war das erste Antibiotikum. Alexander Fleming (1881–1955) entdeckte es 1928 in Schimmelpilzen.

- **Analgetika** sind Medikamente zur Schmerzbekämpfung. Sie verhindern, dass der Körper Prostaglandin produziert – einen Stoff, der Schmerzsignale ans Gehirn übermittelt.

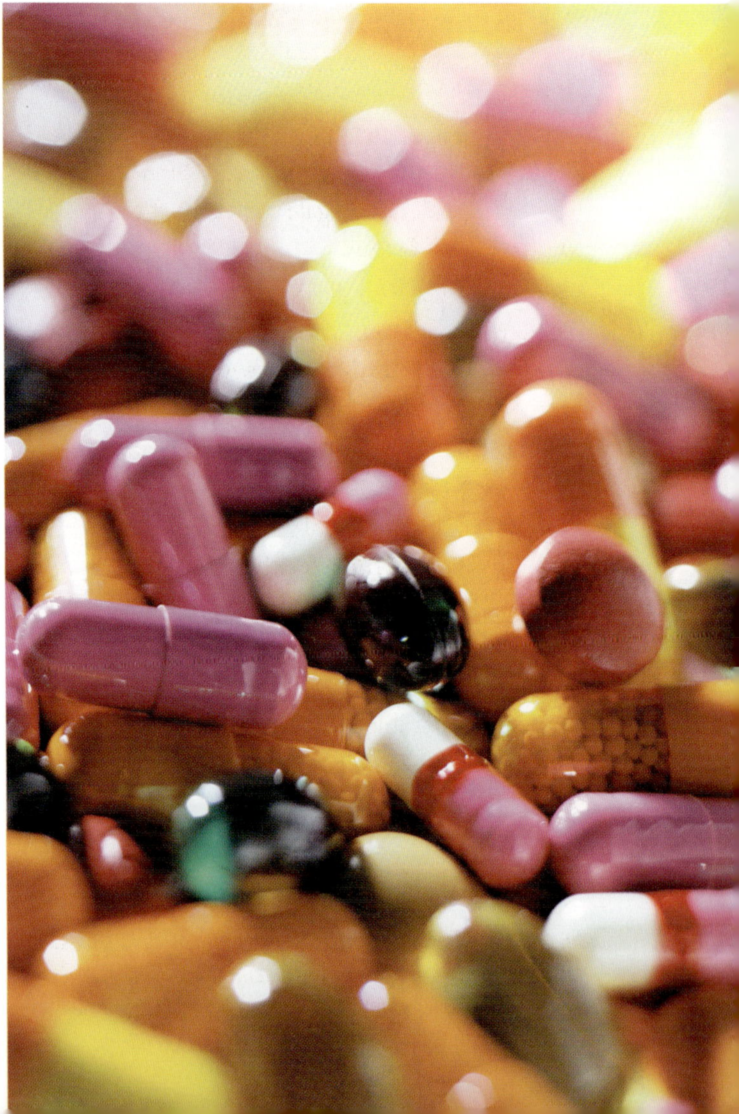

▶ *Heute gibt es Tausende von Medikamenten zur Bekämpfung von Krankheiten.*

- **Tranquilizer** sind Beruhigungsmittel. In diese Gruppe gehören auch Medikamente gegen Angstzustände.

- **Psychopharmaka** sind Medikamente, die die Stimmung beeinflussen. Dazu gehören auch die illegalen, gefährlichen Drogen wie Heroin.

- **Stimulanzien** sind Anregungsmittel. Sie fördern die Ausschüttung des Neurotransmitters Noradrenalin, sodass man sich wacher und lebhafter fühlt. Das Koffein im Kaffee gehört in diese Gruppe.

- **Narkotika** sind sehr starke Schmerzmittel wie Morphium. Sie ähneln den natürlichen Scherzbekämpfungsstoffen des Körpers, den Endorphinen.

- **Depressiva** sind Drogen wie Alkohol. Sie verursachen keine Depressionen, sondern verlangsamen die Funktion des Nervensystems.

▲ *Alexander Fleming war ein britischer Bakteriologe (Bakterienforscher). Er entdeckte 1928 das Penizillin und eröffnete damit eine neue Ära der Medizin.*

. . . **FASZINIEREND!** . . .
Es ist ein Fortschritt, dass Insulin heute gentechnisch hergestellt werden kann, weil Schweineinsulin und Menscheninsulin nicht identisch sind.

Transplantation

- **Immer mehr Körperteile** kann man heute ersetzen, entweder durch Transplantationen (Teile von anderen Menschen oder Tieren) oder durch Implantate (künstliche Teile).

- **Häufig transplantiert** werden Nieren, die Hornhaut des Auges, Herz, Lunge, Leber und Bauchspeicheldrüse.

- **Manche Organe** stammen von Menschen, die gestorben sind (z.B. Herz, Lunge oder Leber).

- **Andere Organe** können auch von lebenden Spendern stammen, z.B. Niere.

- **Nachdem einem Spender** ein Organ entnommen wurde, wird es in eine sauerstoffreiche Flüssigkeit gelegt und gekühlt, um es frisch zu halten.

- **Es kann passieren**, dass das Immunsystem des Empfängers das Organ abstößt, weil es erkennt, dass es nicht zu diesem Körper gehört.

▶ *Die Zeichnung zeigt einige künstliche Gelenke (Implantate): Hüfte, Knie, Schulter und Ellenbogen. Alte Menschen, deren Gelenke abgenutzt sind, brauchen häufiger solche Implantate.*

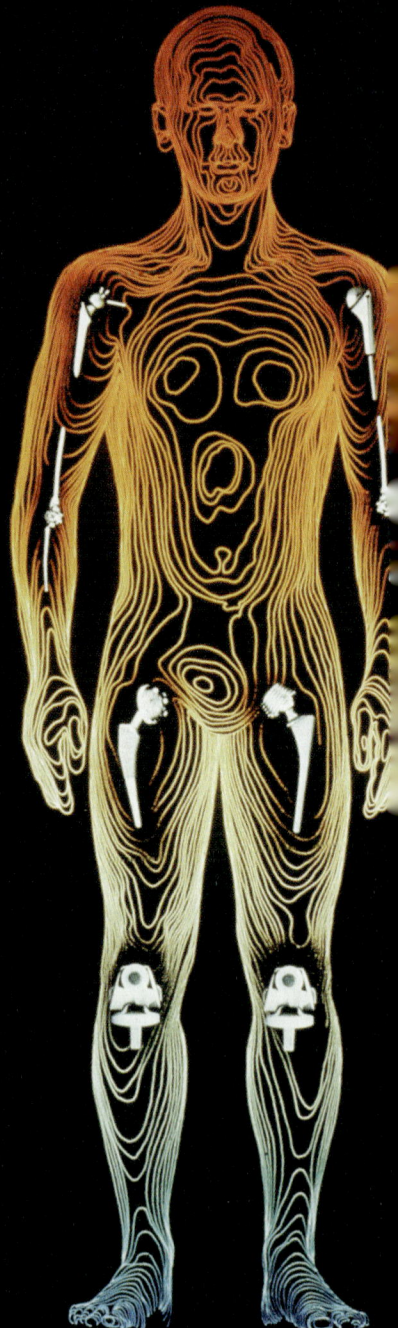

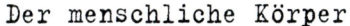

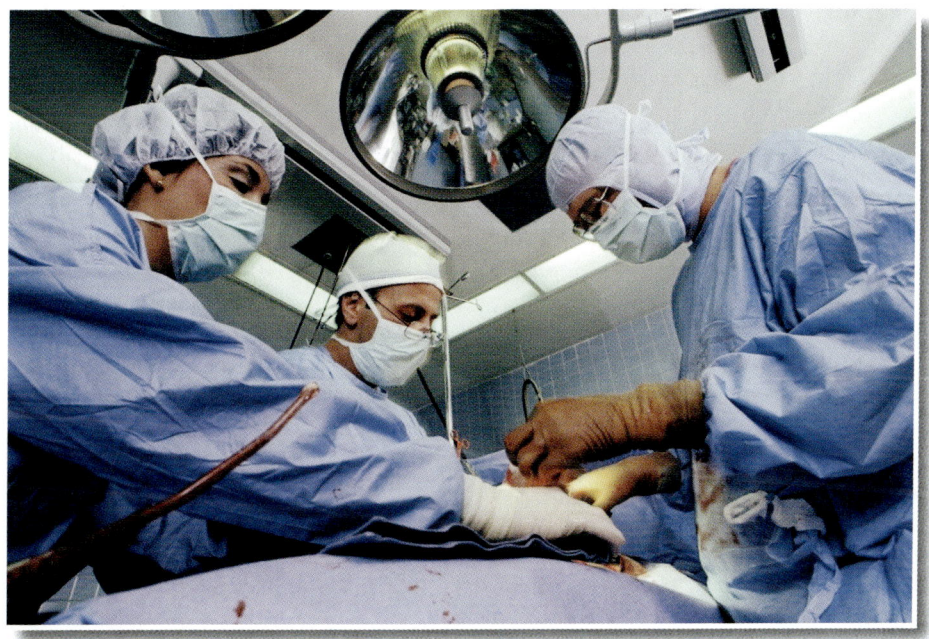

▲ *Transplantationen sind meist mehrstündige Operationen. Je nach Organ, das verpflanzt wurde, muss der Patient danach noch einige Wochen im Krankenhaus bleiben.*

- **Um das Risiko** einer Abstoßung zu verringern, bekommen Patienten oft Medikamente, die ihr Immunsystem für eine Weile außer Kraft setzen.

- **Eine Herztransplantation** dauert etwa vier Stunden.

- **Während einer Herztransplantation** wird der Patient an eine Herz-Lungen-Maschine angeschlossen, die die Funktion des Herzens übernimmt.

199

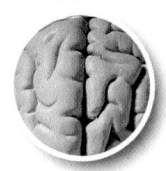

Register

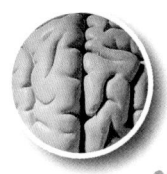

Register

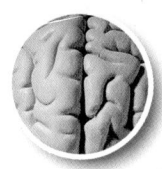

Register

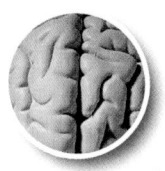

Register

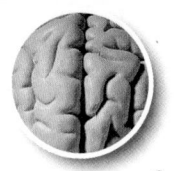

Danksagung

Der Verlag dankt folgenden Künstlern, die an der
Produktion dieses Buchs beteiligt waren:

Peter Gregory, Rob Jakeway, Janos Marffy, Annabel Milne,
Tracy Morgan, Terry Riley, Mike Saunders, Rudi Vizi

Der Verlag dankt ferner für folgende Bildrechte:

Science Pictures Limited/CORBIS: Seite 72

Alle übrigen Bilder stammen aus dem Miles Kelly Archiv.